JN135877

基礎からわかる

# 書く技術

森口 稔・中山 詢子

くろしお出版

## まえがき

　「最近の若者は文章が書けない」と言う人がいます。しかし、それはどういう意味でしょうか。「最近」とはいつ以降のことなのか、「若者」とは何歳から何歳までなのか、「文章」とはどういったものを指すのか、「書けない」という根拠は何なのか。もし、そういった質問に明確に答えることができないとすると、「最近の若者は文章が書けない」という言葉が、単なる印象であり、いかに曖昧なものかがわかります。

　本書は、2015年に出版した『基礎からわかる日本語表現法』を元に加筆修正した、わかりやすく論理的に文章を書くための教科書です。書名の違いからもわかるように、より書くことに重点を置きました。本書の特色は二つあります。一つは、高校までの国語の授業で習ったようなことも含めて、文字どおり、基礎から解説していることです。もう一つは、普段何気なく使っている日本語を意識するきっかけを提供していることです。構成としては、基礎編と練習編の二つに分かれていますが、それぞれの項目が必ずしも一対一の対応はしていません。基礎編は読み物、練習編はクイズと考えて、自由に使ってください。

　本文でも触れていますが、文章を書くための第一歩は、読書です。多くの本を読み、自分の頭で考え、とにかく書いてみる。この繰り返しが文章技術の基本となります。本書に書かれていることを習得した上で、練習を繰り返し、「書く技術」を磨いていってください。

　なお、本書を出版するにあたっては、現在、大学生である森口の長男に目を通してもらい意見を聞きました。「最近の若者」である彼の考えに本書がどこまで答えることができたかわかりませんが、本当に若い世代の文章力が低いのだとすれば、それは彼らのせいではなく、その教育を怠ってきた大人世代の問題なのではないかと思います。大人世代の一員として、本書が文章技術の学習と教育の一助となることを願っています。

　　　　　　　　　　　　　　　　　　　　　　　森口　稔・中山詢子

# 目　次

## 基礎編

1. なぜ、書くのか ...................................................................... 10
   - 1.1 言葉の誕生　10
   - 1.2 文字の発明　10
   - 1.3 書くことの利点　11
   - 1.4 情報や知識の共有のために書く　12
   - 1.5 もう1つのメリット　14
   - 1.6 文章技術と大学での勉強　14
   - 1.7 高校までの国語との違い　15
   - 1.8 本書で勉強すること　16
   - 1.9 この章の参考文献　17

2. 文章技術を身に付けるために ........................................................ 18
   - 2.1 文章技術の基本　18
   - 2.2 読書の理由　18
   - 2.3 読書の量　19
   - 2.4 新書について　20
   - 2.5 思考訓練　21
   - 2.6 書き込みながらの読書　22
   - 2.7 とにかく書き始める　23
   - 2.8 パソコンのメリット　24
   - 2.9 コピペの禁止　24
   - 2.10 この章の参考文献　25

3. 要約の重要性とその方法 ............................................................ 26
   - 3.1 日常生活での要約　26
   - 3.2 仕事としての要約　27
   - 3.3 学生にとっての要約　28
   - 3.4 要約のための読解　28
   - 3.5 トピック文を集めて　29

3．6　具体例の削除　29
　3．7　キーワードの抽出　30
　3．8　記憶を手掛かりに　32
　3．9　文の凝縮　32
　3．10　要約と意見　33
　3．11　この章の参考文献　33

4．文字と数字と記号 .................................................................34
　4．1　4種類の文字　34
　4．2　文字の使い分け　35
　4．3　書きかたの統一　36
　4．4　知っておくべき漢字の数　37
　4．5　同音異義語と変換ミス　38
　4．6　英数字の書きかた　38
　4．7　記号について　39
　4．8　この章の参考文献　41

5．単語と辞書 ............................................................................42
　5．1　情報の担い手の中心としての単語　42
　5．2　単語の階層構造　43
　5．3　類義語と対義語　44
　5．4　単語同士の相性　45
　5．5　難読熟語と四文字熟語　46
　5．6　国語辞典で遊ぶ　47
　5．7　専門用語の扱いかた　48
　5．8　この章の参考文献　49

6．文法と句読点 ........................................................................50
　6．1　文法とは何か　50
　6．2　主部と述部のねじれ　51
　6．3　ラ抜き、サ入れ、レ足す　52
　6．4　形容詞＋「です」　54
　6．5　語順　54
　6．6　句読点　55

6.7　この章の参考文献　57

7．文体 .................................................................................................58
　　7.1　文体とは何か　58
　　7.2　「です・ます」体、「だ」体、「である」体　58
　　7.3　書き言葉と話し言葉　59
　　7.4　同じ表現の多用に注意　62
　　7.5　一文の長さ　63
　　7.6　名文に親しみ、音読する　64
　　7.7　この章の参考文献　64

8．文書の作成 .......................................................................................66
　　8.1　文章と文書　66
　　8.2　文字サイズと書体　67
　　8.3　レイアウトと図表　68
　　8.4　文書の締切　69
　　8.5　さまざまな文書　69
　　8.6　サークルへの勧誘チラシ　70
　　8.7　この章の参考文献　73

9．わかりやすく書くために ...............................................................74
　　9.1　読者を意識する　74
　　9.2　文書の目的　74
　　9.3　読者の持っている知識と情報　75
　　9.4　文書を読むときの環境　75
　　9.5　読者の行動　76
　　9.6　内容の取捨選択　76
　　9.7　実際に書き始める　77
　　9.8　全体像の提示　77
　　9.9　語句と具体例　78
　　9.10　文や段落の長さ、箇条書きの項目数　79
　　9.11　視覚的な見やすさ　80
　　9.12　見直し　80
　　9.13　この章の参考文献　81

10. メールの書きかた ..................................................................82
 10. 1 メールの特徴　82
 10. 2 メール作成上の注意点　83
 10. 3 アドレス　83
 10. 4 件名の書きかた　84
 10. 5 本文の内容　85
 10. 6 本文の文体と形式、添付ファイル　86
 10. 7 メールの例　87
 10. 8 送信前の再チェック　88
 10. 9 LINEを使い慣れた人が陥る弊害　88
 10.10 双方向コミュニケーションとしてのメール　90
 10.11 この章の参考文献　90

11. 就活のための文書 ..................................................................91
 11. 1 就活のための心の準備　91
 11. 2 就活のための文書　91
 11. 3 履歴書で何を見るか　92
 11. 4 エントリーシートとは何か　93
 11. 5 エントリーシートには何を書くのか　93
 11. 6 三大アピールの書きかたのポイント　94
 11. 7 「大学生活においてがんばったこと」の例と問題点　95
 11. 8 「長所」の例と問題点　95
 11. 9 「志望理由」の例と問題点　96
 11.10 クッション言葉　96
 11.11 敬語の種類　97
 11.12 就活におけるメール　98
 11.13 就活の小論文　100
 11.14 今後の学習とこの章の参考文献　100

12. 論文とレポート ..................................................................103
 12. 1 大学生活における文書作成　103
 12. 2 小論文、論文、レポート　103
 12. 3 アイデアの出しかた　104
 12. 4 文献調査　105

12．5　リサーチ・クエスチョン　106
12．6　論文の構成　107
12．7　今後の学習とこの章の参考文献　109

# 練習編

1．本を読もう .................................................................................. 112
　1．1　新書書評　112
　1．2　読貯大会　114

2．調べて覚えよう ......................................................................... 115
　2．1　難読漢字　115
　2．2　四字熟語　118
　2．3　対義漢字　118
　2．4　類義語の違い　118
　2．5　同音異義語　119
　2．6　単語の定義　119
　2．7　この章の参考文献　119

3．文を書き直そう ......................................................................... 120
　3．1　文の間違い探し　120
　3．2　具体的な情報の追加　121
　3．3　別の言葉を使って書き直そう　122
　3．4　敬意表現の修正　122
　3．5　この章の参考文献　123

4．文章を要約しよう ..................................................................... 124
5．メールを書いてみよう .............................................................. 134
6．いろいろな文書を作成してみよう ........................................... 135
7．言葉とコミュニケーションについて考えよう ....................... 136
8．レポートを書こう ..................................................................... 137
9．エントリーシートの準備をしよう ........................................... 138

基礎編

# 1. なぜ、書くのか

## † 1.1 言葉の誕生

　コミュニケーションの観点から考えたとき、人間と動物の最も大きな違いは、言葉です。人間がどのようにして言語を持つようになったのかは、まだ解明されていませんが、少なくとも、その根底には自分の脳の中にあるものを表現したいという欲求があったはずです。それは集団で狩りをするための必然性から出てきたのかもしれませんし、仲間たちとの親密な感情をやり取りすることから始まったのかもしれません。いずれにしろ、その声が単語を生み、文法を伴って、言葉になっていったと考えられます。

　音声による言語がいつ頃生まれたかはわかっていませんが、少なくとも何万年かの間、人間はこの手段を使って意思疎通を図っていたと考えられます。しかし、音声言語だけでは、自分の周りにいる一握りの人たちとしか、コミュニケーションをすることができません。遠くまで狩りに出かけた仲間や、自分が死んだ後に生まれる子孫に、自分の考えを伝えることはできなかったのです。こういった人間の限られたコミュニケーションを飛躍させたのが、文字の発明です。

## † 1.2 文字の発明

　人間はこれまでの歴史の中でさまざまな道具を発明してきました。石

斧、土器、車、紙、時計、火薬、飛行機、テレビ、コンピューター、スマートフォン、などなど。我々の生活はこれらの道具なくしてはありえません。では、もし人類にとって最も重要な3つの発明は何かと問われたら、何を候補として挙げるでしょうか。その答えは人によって異なるかもしれませんが、文字の発明は外すことはできないでしょう。

　文字を発明したのは、現在のイラクの辺りに住んでいたシュメール人で、正確な年代はわかりませんが、紀元前3000年から2500年頃と言われています。文字の発明によって、人類は、脳というハードウェアの中にある情報や知識を取り出して、文字というソフトウェアの中に記録できるようになったわけです。

## † 1.3 書くことの利点

　文字の発明が人類にもたらした大きな利点は次の2つです。

- 情報や知識を覚えておく必要がない
- 情報や知識を多くの人と共有できる

　人間は過去を忘れるからこそ生きていけると言われます。もし生まれてからこれまでの出来事や見聞きしたことをすべて覚えているとすれば、我々の心は破裂し、まともな精神状態でいることはできないでしょう。

　とは言え、覚えておくべきことも忘れてしまうのが人間の常です。そのため、我々は忘れたときに備えて、文字に記録します。買物メモ、講義ノート、練習日誌、家計簿やお小遣い帳など。覚える代わりに文字として書き出しているわけです。これを書くのは誰かほかの人のためではなく、ほかならぬ書いている自分自身のためです。そういう意味では、「情報や知識を覚えておく必要がない」という文字の利点は、個人的なものと考えても良いでしょう。

　逆に、文字によって「情報や知識を多くの人と共有できる」のは、公的

な利点です。人間の出す声の大きさには限界があり、肉声が届くのはせいぜい 100 メートル程度でしょう。となると、自分の話が伝わる相手の数も数百人が限度です。現代に生きる我々は、マイクとスピーカー、ラジオやテレビ、CD、インターネットなど、遠く離れた多くの人に自分の声を届ける手段を持っていますが、それらが発明されるまでは、音声によって情報や知識を共有できる人の数は限られていたわけです（もっとも、あまり多くの人と、情報や知識を共有する必要もなかったかもしれません）。

一方、文字は、時間と空間を超えて多くの人と、情報や知識を共有できます。古代の遺跡に書かれた文字はその中に読めないものがあるとしても、それが書かれた時代から現在まで、時間を超えて伝えられ、これからも多くの人々の目に触れる可能性があります。紙に書かれた文字を運べば、空間を超えて、遠く離れた人とコミュニケーションを取ることができます。さらに、印刷技術の発明によって、不特定多数の人と情報や知識を共有できるようになりました。そして、インターネットは文字情報を瞬時に地球の裏側まで伝えられます。

現代の我々がその恩恵に浴している科学技術は、情報や知識を多くの人と共有できるという、このメリットのおかげだと言えるでしょう。逆に言えば、文字の発明がなければ、飛行機もテレビもコンピューターも発明されることがなかったかもしれないのです。

## † 1.4 情報や知識の共有のために書く

この本で学んでほしいのは、この 2 つ目の利点です。「情報や知識を覚えておく必要がない」という、1 つ目の利点は、自分個人のためでした。書き手が自分であり、読み手も自分なので、極端な言いかたをすれば、どんな書きかたをしても自分にさえわかれば良いわけです。たとえば、ある大学講師の手帳には次のようなメモが書かれています。

2 日予約、CAJ 関西、くろしおメール、リレーマラソン写真、…

書いた人には、これだけで何のことかわかりますが、ほかの人にはまったくわかりません。「2日」というのは何月の2日なのか、何の予約なのか。CAJとは何の略か。「くろしお」はなぜひらがなで書かれているのか。それとメールは何の関係があるのか。自分だけのために書く場合であれば、これで十分に用を足すことができます。

　読み手がほかにいても、それが親しい仲間うちの場合、同じようなことが起きます。たとえば、次の文章は、ある高校生同士のLINE（ライン）でのやり取りです（ここでは、読みやすいように、1人の発言は1行にして、句点を打っています）。

A：　よし、いい感じなった。
B：　おめでとう。
A：　The Soybeansになった。
B：　だいずかよ。
A：　Dai'zでもいけるからな。完璧。Dies。
B：　B'zか。
A：　うん。

　ここでも、関係のない人間が読んでもまったく意味不明の文が交わされていますが、本人たちはこれで問題なくコミュニケーションが取れているわけです。

　ところが、同世代の親しい仲間以外の人たちと情報や知識を共有しようとする場合、この書きかたでは役に立ちません。先生や学外の人に送るメール、授業のレポート、就職活動のエントリーシートなどでは、友人へのメールやLINEとはまったく違う書きかたをする必要があります。さらに、社会人になってから書く書類は、読み手がどんな人かも、わからないことさえあります。そんなときには、思いついた単語だけを書くのではなく、読み手が既に持っている知識や情報、読み手の立場や環境などを考慮しながら、論理的で、わかりやすい文章を書かなければなりません。

# † 1.5 もう1つのメリット

　論理的にわかりやすく文章を書こうとすると、頭の中だけで考えていたときとは異なり、曖昧なままではやり過ごせないことが出てきます。ぼんやりと考えていたときには、なんとなくつながっていたことが、論理的に書くために考え始めると実はあまり関係がなかったり、まったく関係がないと思っていたことが、いろいろと調べながら書いていくと密接に結びついていたりすることがあります。

　たとえば、1980年代の後期に首都を東京から仙台に移転するという話がありました。それを聞いた、関西の大企業の社長がそれに反論するために「仙台遷都などアホなことを考えてる人がおるそうやけど、東北は熊襲（くまそ）の産地。」と発言し、問題になりました（熊襲は大和朝廷に侵略された九州の部族です）。この社長は、大和朝廷に従わなかった蝦夷（えみし）と熊襲を混同したのかもしれませんし、熊襲→熊→北海道→東北という非論理的な連想をしたのかもしれません。いずれにしろ、独りよがりのイメージだけで意見を言うのではなく、きっちりと調べて文章で反対論を述べていたなら、こんな問題にはならなかったでしょう。

　つまり、論理的にわかりやすく文章を書くということは、読む人のためになるだけでなく、それを書いている自分自身の考えを整理することにもなるわけです。書くことによって思考の整理ができるという点は、最初に挙げた2つに加えて、3つ目の利点と言って良いでしょう。

# † 1.6 文章技術と大学での勉強

　大学での勉強では、この2つ目と3つ目の利点が重要になってきます。1つ目の利点は自分のために書くだけなので、文字さえ知っていれば、技術と言うほどのものは必要ありませんが、2つ目と3つ目の利点を実現させるには、文章を書く技術が必要です。大学では、高校までと異なり、こ

の文章技術が非常に重要です。その理由を説明していきましょう。

　高校までの勉強は次の学校のための勉強です。それは入学試験のことだけではなく、次の学校に進学した後の勉強も含めてです。中学は高校の準備であり、高校は大学の準備です。そのため、小学校の漢字を覚えていなければ高校の教科書は読めませんし、中学で数学がわからなくなってしまえば、大学の数学は絶対に理解できないわけです。基礎的な知識を一つ一つ積み上げていくのが高校までの勉強であり、たいていの場合、正解は1つです。そのため、試験では、文章ではなく単語や記号で答えることがほとんどでした。数学の証明問題や英文和訳のように、少し長く書かなければならない場合があったとしても、ある程度、正解の方向性があり、文章力が必要になることはほとんどありません。

　ところが、大学院も含めて、大学の勉強は社会に出るための準備です。高校までが勉強のための勉強であったのと異なり、大学での勉強は仕事のための勉強となります。そして、仕事が学校の勉強と大きく異なるのは、正解が1つとは限らないという点です。

　正解が1つではなく、いろいろな可能性があるとき、我々はそれを文章で説明しなければなりません。大学では、試験ではなくレポートで評価される授業も多くありますし、試験の場合も、高校までと違って文章で答えなければならない科目がたくさんあります。

　さらに、大学を出るための卒業論文、仕事を得るための就職試験、就職してからのさまざまな職業においても、常に文章を書く力が求められます。大学に入学したからには、そういった次の段階を考えて今から文章力を養っていかなければなりません。

## † 1.7 高校までの国語との違い

　ここで1つ疑問が出てくるかもしれません。文章を書くということならば、高校までも国語がありましたが、それと何が違うのでしょうか。

　最近の国語教育は少しずつ変革の兆しはありますが、それでも文学作品

や論説文を読ませて筆者の考えを述べさせるような設問が中心となっているようです。しかし、これでは文章技術はなかなか身に付きません。

本来、芸術作品である文学はどんな読みかたをしても良いはずですし、それができるのが芸術的価値のある作品です。逆に、1通りの読みかたしかできないようならば、その作品の芸術的価値は低いと言えるでしょう。そんなものを中学生や高校生に読ませているとしても文章の教育にはなりえません。また、逆に、論説文は誰が読んでも誤解のないように、論理的でわかりやすく書くべきです。もし、いろいろな解釈ができるとすれば、それは上等な論説文ではありません。これまた文章の教育にはならないわけです。

また、入試対策もあるためか、高校までの国語は1つの文章を精密に読むことが中心で、たくさんの文章を読んだり、実際に文章を書いたりする機会はほとんど与えられません。作文の時間は、せいぜい1カ月に1回ぐらいだったのではないでしょうか。

つまり、高校までの国語という教科は、文章力を向上させるための場が十分に与えられていなかったものと思われます。

## †1.8 本書で勉強すること

本書では、高校までの勉強ではあまり鍛えることのなかった文章技術を身に付けることを目標としています。そのために、以下のようなことを次の章から学習していきます。

- ・本を読み、考える訓練をする
- ・日本語の文字・単語・文法を知る
- ・わかりやすく書くための方法を知る
- ・実際に文章を書く

巻末には練習問題を設けています。各章と練習問題は必ずしも連動して

いません。また、練習問題の答えは必ずしも1つではありません。いろいろな可能性を自分で考えたり、グループで話し合ってみたりしてください。

## †1.9 この章の参考文献

Gaur, Albertine. *A History of Writing. Revised Edition.* Cross River Press. 1992.

竹内成明『コミュニケーション物語』人文書院、1986

マッカーサー，トム『辞書の世界史：粘土板からコンピュータまで』三省堂、1991（光延明洋訳、Tom McArthur. *Worlds of Reference: Lexicography, Learning and Language from the Clay Tablet to the Computer.* Cambridge University Press. 1986）

# 2. 文章技術を身に付けるために

## † 2.1 文章技術の基本

　文章技術を身に付けるための基本は、次の3つです。次節から、詳しく説明していきましょう。

・本をたくさん読むこと
・論理的に考えたり分析したりする習慣をつけること
・まずは書き始めてみること

## † 2.2 読書の理由

　文章技術を身に付けるための一番の基本は、たくさんの文章を読むことです。作曲家は多くの音楽を聞き、画家は多くの絵を見て、やっと自分の作品を生み出す準備ができます。それと同じように、文章を書くためには多くの文章を読まなければなりません。その理由は2つあります。
　1つは、さまざまな表現に触れるためです。自分の考えていることを表現したくても、その方法を知らなければ表現できません。多くの文章に触れ、さまざまな表現方法を仕入れておく必要があります。たとえば、「行く」という内容を表現するためには、「行く」だけでなく、「参る」「訪れる」「向かう」「伺う」「赴く」など、たくさんの表現方法があります。そ

の中からぴったりの表現を選ぶためには、それまでに十分なインプットが必要になります。多くの文章を読んでいれば、表現を覚えるつもりがなくても、無意識に頭の中にインプットされます。そして、自分が文章を書こうとするときも、そんなに意識しなくても、いろんな表現が浮かんでくるものです。

多くの文章を読まなければならない、もう1つの理由は、自分の考えを述べるための根拠を持つことです。人間の思考はまったく独自のものということは、まずありえません。ほとんどの場合、既存の情報や知識を取り入れ、それに基づいて自分の考えを打ち出しています。とすれば、自分が根拠にできる情報や知識が多ければ多いほど、自分の考えかたの基礎が広がり、独創性を生み出す土台ができていきます。

たとえば、日本の犯罪発生率はフランスよりも低いということを言おうとする場合、「なんとなくそう思うから」とか、「みんなそう言ってるから」では、説得力がありません。信頼できる文献を読んで、日本の犯罪発生率とフランスの犯罪発生率を具体的に比較した上で、そう主張する必要があります。つまり、自分の書く文章の内容を確かなものにするためにも、たくさんの文章を読む必要が出てくるわけです。

## † 2.3 読書の量

では、どのぐらい読めば良いでしょうか。わかりやすい例は、参考文献を明示している本や論文です。たとえば、手元に、森村宗冬『義経伝説と日本人』という200ページほどの本があり、その最後のほうに「主な参考文献」が載っています。ざっと数えてみたところ、単行本だけで約40冊ありました。つまり、森村宗冬という著者は、この1冊を書くために、40冊の本に目を通したことになります。通読したのがその半分としても20冊です。もう1冊見てみましょう。都筑卓司『時間の不思議：タイムマシンからホーキングまで』の参考文献は13冊あります。この2冊は、小説ではありませんが、教科書や専門書ではなく、特に堅苦しい本ではあ

りません。そういった本の場合でも、著者たちは最低10冊程度は読んでいるわけです。大まかに言えば、何かを書こうとすれば、その書くべき文章の10倍から20倍の量を読む必要があると考えておけば良いでしょう。

## † 2.4 新書について

　では、どんなものを読めば良いでしょうか。卒業論文を書くためには学術論文を読む必要がありますが、大学1・2年生には少し難しいかもしれません。手始めにお勧めするのは「新書」という形式の本です。

　「新書」というと、「新しく出版された本ですか」という人がありますが、そうではありません。辞書にはそういう定義も載っていますが、普通は、縦が約18cm、横が約11cmの大きさで、さまざまな分野の特定のテーマに絞って書かれた解説本のことを指します。上に挙げた『義経伝説と日本人』と『時間の不思議：タイムマシンからホーキングまで』も、実は新書です。新書は、多くの出版社がいろいろな分野のものを出しています。いくつか例を挙げておきましょう。

　　暉峻淑子『豊かさとは何か』岩波新書、1989
　　本川達雄『ゾウの時間 ネズミの時間』中公新書、1992
　　小谷野敦『もてない男』ちくま新書、1999
　　丹羽健夫『悪問だらけの大学入試』集英社新書、2000
　　養老孟司『バカの壁』新潮新書、2003
　　大津由紀雄『英文法の疑問』生活人新書、2004
　　竹内薫『99.9％は仮説』光文社新書、2006
　　福岡伸一『生物と無生物の間』講談社現代新書、2007
　　麻生圭子『京都早起き案内』PHP新書、2013
　　井上智洋『人工知能と経済の未来』文春新書、2016
　　本郷和人『軍事の日本史』朝日新書、2018

歴史、社会、言葉、コミュニケーション、医学、科学技術、経済など、新書には、ありとあらゆる分野があります。出版社も上に挙げただけで10社以上あることがわかります。そのため、内容だけではなく、読みやすさについても、簡単なものから、かなり手ごわいものまでさまざまです。これまであまり読書経験がない人が新書を読もうとするときには、次のようなものを選ぶと良いでしょう。

- 興味が持てて、その分野の基礎知識がある
- 話題になり、売れている
- あまり古くない（21世紀に入ってから出版されたもの）
- あまり分厚くない（200ページ未満）

　この4つの条件を満足している新書であれば、そんなに読みにくくはないはずです。大きな書店に行けば、たいてい新書コーナーがあり、まとめて並べられています。古本屋ならば定価の5分の1程度で売っていることもあります。価格的にも手頃ですし、小さいのでいつも持ち歩くことができます。まずは、何か1冊を選んで、読み始めてください。

## † 2.5 思考訓練

　読むことの次にするべきことは、考える練習です。目の前で何かが起きている、その原因は何か、今起こっていることはこの先どういう影響を持つのか。普段からそういった思考訓練をしておくことが大事です。

　たとえば、家の近くに2軒のラーメン屋があるとしましょう。同じぐらいの大きさなのに、一方のラーメン屋はよく流行っていて、もう一方のラーメン屋はいつもガラガラだとします。その理由は何でしょうか。ラーメンの味、量、値段、店の人の態度、立地条件。まず思いつくのは、その辺りだと思いますが、ほかにもいろいろな理由が考えられるかもしれません。流行っている店は、芸能人がよく来るとか、近くのハンバーガー店

と提携しているとか。一方、流行っていない店は、注文してから出てくるまでが遅いとか、店主の感じが悪いとか。また、これから先、その2軒のラーメン屋はどうなっていくでしょうか。流行っていないほうは潰れるのか、もしくは、何かのきっかけをつかんで逆転するのか。自分が流行っていないほうのラーメン屋の店主であれば、どういう行動を起こすべきか。

　世の中で起きていることには、人工的なものであっても、自然のものであっても、必ず原因と結果があります。それを考えることが論理的に考えるための練習になります。

　もう1つ、思考訓練の方法を紹介しましょう。我々は、無意識にさまざまな言動を取っていますが、その言動を分析する練習です。

　たとえば、健常者であれば、椅子から立ち上がろうとするとき、体重の移動、腕による支え、足の踏ん張りかた、膝の伸ばしかたなどを特に意識することなく行います。しかし、もし自分の動きをロボットに伝えようとすれば、これまで無意識に行ってきた、それぞれの要素を細かく分析して伝えなければなりません。立ち上がりやすく体重を移動するためには、まず何から始めなければならないのか。支えるところがない場合、腕はどういう動きかたをすれば良いのか。膝と腰はどういうタイミングで伸ばせば良いのか。細かい動きをすべて挙げれば、1ページあっても書ききれないはずです。

　これは身体の動きだけではありません。人の顔を見分けることや日本語を正しく話すことなども、我々は無意識にやってのけています。ところが、どうやってAさんとBさんの顔を見分けているのか、どうやって「は」と「が」を使いこなしているのかを説明しようとすると、なかなか難しいものです。こういった無意識の分析も思考訓練の1つになります。

## † 2.6　書き込みながらの読書

　読書と思考訓練を同時に進める練習として、書き込みながら文章を読むという練習方法があります。まず、読みかたのわからない漢字や意味を知

らない単語があれば、辞書で調べて余白に書いておきます。また、著者の意見に感銘を受けたら線を引いておくこともできます。逆に、著者の意見に賛成できないと思うときは、自分の反対意見を書き込みます。いずれの場合も、後で見直すかどうかを気にする必要はありません。本を読んで疑問があればそれを本にぶつける。その作業が思考訓練になるわけです。

　自分の本が汚れることを嫌がる人がありますが、本は飾り物ではありません。どんどん書き込んで汚してください。1冊の本を読み終わって、そこにたくさんの書き込みがあるのを見ると、その本の内容が本当に自分のものになったような気がするはずです。

## † 2.7 とにかく書き始める

　作曲家が曲を作るまでには多くの曲を聞き、画家が絵を描くまでには多くの絵を見るという話をしました。しかし、当然のことですが、インプットだけでは何物も生まれてきません。多くの文章を読み、思考訓練をした次のステップとしては、とりあえず、何でも良いので書いてみる練習が必要となります。

　最終的にはきっちりとしたレポートや論文が書けることを目標としますが、最初から整然と構成された文章を書くことはなかなかできません。最初は、日常的な話題や個人的なエピソードについて、短い文章を書くことから始めても良いでしょう。そういった気軽な文章でも、書いていく中で、漢字・単語・文法、適切な文の長さ、書き言葉と話し言葉の違いなどを学んでいくことができます。

　レポートを書く場合も、断片的で良いので、まずは書き始めてください。自分の頭の中で、考えが整理できていなくても、書くことによって整理がつく場合もあります。思いつくことを書き散らしておけば、後になって、それらをつなげてまとまりのある文章に仕上げられる場合もあります。とにかく、まずは書き始めることです。

## † 2.8 パソコンのメリット

　書く練習をするときには、手書きではなく、パソコンを使って書くことをお勧めします。パソコンで書くことのメリットはいくつかあります。

　まず、思いついたことをバラバラに書いていった場合でも、それらを1つにまとめるのが簡単であることです。どんな文章でも、思いついたことをそのまま書いていっただけでは、順番や論理構造がバラバラになってしまいます。最終的にそれを整理するとき、手書きであれば、一度書いたことをもう一度書き直す必要がありますが、パソコンの場合は、カット＆ペーストで編集できます。

　また、手書きで書くにはあまり自信がない漢字も、パソコンで書けば、変換候補の中から選ぶだけです。ただ、パソコンで書くことに慣れてしまうと、以前は手書きすることができた漢字も忘れてしまうことが多いので、この点はメリットであると同時に、デメリットとも言えるかもしれません。

　さらに、誤字脱字や文法的な間違いがある場合、Microsoft Word ならば、その間違い箇所の下に、緑や赤の波線が表示されます。ただ、波線による警告は必ずしも正しいわけではないので、辞書などで調べて確認する必要があります。

　ほかにも、字が上手くない人にとっては、パソコンで書くことで自分の悪筆を隠すことができる点もメリットでしょう。

　書いた後も、パソコンで入力したデータはコピーが簡単なので、USBメモリーに入れて持ち運んだり、インターネット上に保存したり、メールに添付して送ったりが容易にできます。

## † 2.9 コピペの禁止

　パソコンで文章を書くとき、気を付けなければいけないのは、インター

ネット上に掲載されている文章をそのままコピー＆ペーストしてしまうことです。何かを調べてレポートを書こうとしているときに、ネット上に整理された情報があれば参考にしたくなる気持ちはわかります。しかし、ネット上の文章を無断でコピー＆ペーストすることは、決して行うべきではありません。その理由は2つあります。

第一に、当然のことですが、コピー＆ペーストをするだけでは、文章を書く練習になりません。第二に、無断でコピー＆ペーストをすることは、場合によっては、著作権侵害という罪を犯すことになります。

これはネット上の文章に限りません。ネット上であれ、出版されたものであれ、テレビやラジオで放送されたものであれ、文章に限らず、美術や音楽まで含めて、誰かが作ったものには必ず著作権があると思ってください。それを無断でコピーすることは著作権侵害になるのです。

それなら、本やネットに書かれている情報は利用できないのではないかと疑問を持ったかもしれませんが、その心配はありません。本やネットの文章についても、一定のルールを守れば、そのまま引用することができます。そのルールの詳細は、実際に論文を書く、第12章で紹介します。ここでは、とにかく、「コピー＆ペーストはしてはいけない」、そのことを知った上で、自分の文章を書き始めてください。

## †2.10 この章の参考文献

野口悠紀雄『「超」文章法：伝えたいことをどう書くか』中央公論社、2002

スティーブン・キング『書くことについて』小学館、2013（田村義進訳、Stephen King. *On Writing: A Memoir of the Craft*. The Lotts Agency. 2000）

# 3. 要約の重要性とその方法

## †3.1 日常生活での要約

　第 2 章では読書の重要性と書き込みながら読む読書の話をしました。読書に関連して、もう 1 つやっておきたい練習は要約です。読書のときだけではなく、我々の生活は要約することばかりです。まずは、日常的な話から始めましょう。

　子どものとき、家に帰ってくると、親から「どうだった？」と聞かれた経験がある人は多いのではないでしょうか。学校でも、習い事でも、遠足でも、子どもがどのように過ごしているのか、親は常に心配です。

　幼稚園や小学生低学年のころは、その日にあったことを楽しくお話しするのですが、5〜6 年生から中学・高校になってくると、「別に」とか「まあまあ」というようにほとんど答えらしい答えをしなくなります。たまに「最悪！」というようなこともあったのではないでしょうか。

　この「別に」とか「最悪！」は、究極の要約と言っても良いでしょう。親としてはもっといろいろ聞きたいのですが、子どものほうは、その日にあったことに対する自分の感想を一言で要約しているわけです。

　ここまで極端でなくとも、我々のコミュニケーションの大部分は要約が占めています。仲の良い友人や恋人には、もう少し詳細な説明をするでしょうが、それでも、見聞きしたことや感じたことをすべて伝えるわけではありません。夏休みの思い出を話すときも、店員による商品の説明も、

テレビのニュースも、すべてを伝えるのではなく、要約なのです。

## † 3.2 仕事としての要約

　日常生活以上に要約能力が求められるのは、仕事を始めてからです。社会にはさまざまな職種がありますが、その仕事内容は大きく5つに分類することができます。未知の物を発見すること、これまでになかった物を作り出すこと、元通りに修復すること、物や人を運ぶこと、情報や知識を伝えることの5種類です。そして、最初の4つの仕事においても、5つ目の情報や知識を伝える技術は必要になります。

　たとえば、未知のものを発見するのは科学者の仕事です。科学者は何かを発見すれば終わりなのではなく、その発見した事物を社会に伝える義務があります。物を作り出すのは技術者ですが、それがどんなものであり、何の役に立つのかを伝えなければなりません。病気や怪我をした人間の身体を元通りに治すのは医者の役目です。医者は診断結果を患者に伝え、処方すべき薬を薬剤師に伝える必要があります。パイロットや運転手は、通常、情報を伝える業務はあまりないかもしれませんが、問題が発生したときなどは、その状況を乗客や送り主・届け先に伝えなければなりません。

　このように、どんな職業であっても情報や知識を伝えることはその仕事の一部に含まれています。そのときに重要になるのが要約の能力です。たとえば、科学者も、技術者も、医者も、パイロットも、自分が持っている情報をすべて伝えるわけではありません。聞き手が必要としている情報だけを、要約して伝えています。

　5つ目に挙げた、情報や知識を伝えること自体を仕事とする職業でも同じです。例として教師がありますが、教師も自分が知っているすべてを伝えるのは不可能ですし、無駄ですらあります。児童・生徒・学生が理解できるように要約して伝えているわけです。

　また、職種に限らず、出張業務というのがあります。普段の自分の職場を離れて遠くの顧客やビジネスパートナーと会ったり、研究や調査に出か

けたりすることです。出張から帰ると、たいていの職場では、出張報告書という書類を書くことになっています。そのとき、仮に2日間の出張だとしても、2日間にあったすべてのことを書くわけでは、当然ありません。重要な事項だけを要約して書くわけです。このように、ほとんどすべての職業で要約の能力は不可欠と言って良いでしょう。

## †3.3 学生にとっての要約

大学で書くレポートや試験の解答でも、要約は重要な要素です。たとえば、「琵琶湖が滋賀県の経済に及ぼす影響」についてレポートを書くと仮定しましょう。そのためには、琵琶湖や滋賀県経済についての雑誌記事や書籍を調べることから始めなければなりません。そして、レポートの中で自分が調べた文献の内容を要約して紹介する必要性も出てくるわけです。

ほかにも、専門分野によっては、実験・観察やフィールドワークの後にはレポートを提出することが多くあります。その場合も、全体を要約して書くことが重要です。

## †3.4 要約のための読解

では、要約はどのようにして行えば良いのか、その方法について話していきましょう。文章を要約する場合、まずは、全体をきっちりと理解しなければなりません。要約は文章全体の大まかな意味を伝えることなので、読むときもざっと読めば良いと思っている人がいますが、そうではありません。要約に慣れてくればそれも可能でしょうが、始めのうちは、普通以上に精密に文章を読むよう心がけてください。

精密に読むことで、文章全体の構造を把握し、その中で何が重要かを考えてください。その練習を積んでいけば、自分が文章を書くときに構造を組み立てていくための予習にもなります。また、一度読んだだけではわからない文章も何度か読み返しているうちにわかってくることもあります。

書き込んでも良い文書ならば、線を引いたり、記号を付けたりしながら読んでも良いでしょう。重要だと思うところに線を引いて読み、読んだ後に、その部分を一つにまとめれば、それが要約になります。

## † 3.5 トピック文を集めて

論説文の場合、重要な部分は段落の最初の文に書かれていることがあります。段落の最初の文が、内容全体を表している場合、これをトピック文と呼びます。たとえば、次の文章の最初にある下線を引いた文はトピック文です。2番目以降の文は、このトピック文を論理的に支える具体例を挙げているだけです。

(1) <u>言葉の学習において最も大切なものは、発音でも文法でもなく、単語である。</u>これは断言できる。文法を知らなくても単語を並べれば通じるし、少々下手な発音であっても、前後関係から言いたいことは想像できる。日本人は英語のrの発音が苦手だから、「米」をlice と発音し、「日本人はシラミを食べる」と誤解される、なんていうのは、当然嘘である。もしそういう誤解をするとしたら、誤解する側に常識がないだけの話だろう。

文章がいくつかの段落に分かれている場合、このトピック文だけを抽出してうまくつなげれば、それが要約になります。

## † 3.6 具体例の削除

トピック文がはっきりしない場合も、具体的要素を削除していけば要約することができます。簡単な例から始めましょう。たとえば、次の(2)は、「兵庫・滋賀・奈良」という具体的な県名を削って(3)のように書き換えることができます。

（２）　太郎は、兵庫・滋賀・奈良など、関西の各県を周った。
（３）　太郎は、関西各県を周った。

　これは、1文の中から具体的要素を取り除いただけですが、次のような場合、具体的な説明をしている箇所を削除するとかなり短くすることができます。さらに、削除した部分を簡単に表す言葉をつけ加えると、要約のできあがりです。

（４）　幼い子どもを連れた母親、スケートボードに興じる若者、日向ぼっこをする白髪の夫婦など、公園には、たくさんの人々が集まっていた。日曜日なのに、きっちりとネクタイとスーツに身を固めたビジネスマンらしい中年男性が、なぜか芝生に腰を下ろして新聞を読んでいたりする。
（５）　公園には、老若男女、たくさんの人々が集まっていた。

## † 3.7 キーワードの抽出

　ほかにも、キーワードを拾っていく方法があります。上の2つの方法は、物語風に出来事を時間に沿って描写していくような文章ではうまく使えません。そういう場合、いくつかのキーワードを拾っていき、それをつなぎ合わせて要約します。キーワードになるのは、その話全体に関連する単語、何度も出てくる単語、その単語がなければ全体の意味がわからなくなるような単語などです。
　まずは、次の文章を読んでください。

（６）　ある人と呑みながら話をしたときのことである。Nさんと呼んでおこう。Nさんは仕事でよくヨーロッパに行くらしい。かと言って、英語が必ずしもできるわけではない。そこでNさんが取った

方法は、相手の言うことがよく理解できないときは、とりあえず「No」と答えることだった。すると、相手は説明を繰り返さざるを得ない。そのうちに段々と理解できていって、仕事の話がまとまるというのである。実際、仕事では、自分の話が終わって相手の意見を聞こうとする時、我々は「よろしいでしょうか」とか「ご理解いただけましたか」というような文で終わることが多い。とすれば、事実、その中身がわかっていないのであるから「No」と答えることにはそれなりの妥当性がある。立場の違いや相手との人間関係などを考えるとかなり危険な方法には違いないが、わからない時でも、なんとなく笑いながら「Yes, yes」と言ってしまいがちな多くの日本人にとっては参考とすべきだろう。（411字）

　ここでのキーワードは、「Nさん」「仕事」「英語」「方法」「相手」「理解」「No」などです。これらのキーワードで上の内容を説明すると、たとえば次のような文ができます。

（7）　Nさんは、仕事で英語を話すときの方法として、とりあえず「No」と言う。そうすると相手は、こちらが理解できるまで説明を繰り返してくれる。

　これが上の文章の中核です。さらに、この文章の著者は、英語がわからないときに「Yes」と言ってしまいがちな日本人はNさんの方法を参考にすべきであると言っているので、その点をつけ加えます。これで、上の文章の要約が完成です。

（8）　Nさんは、仕事で英語を話すときの方法として、とりあえず「No」と言う。そうすると相手は、こちらが理解できるまで説明を繰り返してくれる。わからないときでも「Yes」と言ってしまいがちな日本人はNさんの方法を参考にすべきだろう。（115字）

## † 3.8 記憶を手掛かりに

　最後に紹介するのは、記憶を手掛かりにして要約する方法です。最初に述べたようにじっくりと文章を読んだ後、少し時間を置きます。細かい点を忘れたころに、自分の言葉で内容を簡潔に書きます。その後、自分が書いたことと元の文章を照らし合わせ、必要に応じて修正します。

　この方法は、文章を理解する力と書く力がある程度ついてから試してみてください。まだ理解力や文章力がないときに行うと、重要でない部分を要約してしまったり、要約が短すぎたり長すぎたりしてしまいます。

## † 3.9 文の凝縮

　ここまで紹介してきた方法を使っても、まだ要約文が長すぎる場合、表現を凝縮することによって、全体を短くすることができます。凝縮しやすいのは、間接疑問文、形式名詞で終わる名詞句、「行う」「実施する」など意味が軽い動詞、主観的または冗長な修飾語句の4つです。

　間接疑問文とは、「太郎がどこに行こうとしているのか、花子にはわからなかった」という文の「太郎がどこに行こうとしているのか」の部分です。これは「太郎の目的地」と言い換えることができます。ほかにも「いつ」「誰」「何」「なぜ」などで始まる間接疑問文は、通常、名詞句に言い換えられます。

　形式名詞とは「もの」「こと」など、それ自体は具体的な意味を持たない単語で、前に来る形容詞や文とともに名詞句を形作ります。たとえば、「父が自分で料理したもの」「昨日、彼女がやってしまったこと」などです。この形式名詞の前が文になっている場合は、たいてい、もっと短く言い換えることができます。上の例であれば、それぞれ「父の手料理」「昨日の彼女の失敗」に凝縮できます。

　「行う」や「実施する」などの動詞は、その前の名詞に意味がある場合

が多く、省略することができます。たとえば、「分析を行う」は「分析する」に、「計算を実施する」は「計算する」に言い換えても意味は変わりません。

最後の、主観的または冗長な修飾句とは、次のような表現です。この下線の部分は削除しても全体の意味としては大きく変わりません。

（9） <u>今まで見たこともないような、素晴らしく</u>美しい風景
（10） <u>効率的かつ合理的に</u>計算する

本文では、著者の思い入れを強調したり、文章の流れをスムーズにしたりするために、あまり内容のない修飾句を入れることもありますが、要約の際にはそれらはすべて削除できます。

## † 3.10 要約と意見

1つ注意したいのは、要約と意見の区別です。文章を要約する場合、その中に自分の意見を混在させてはいけません。レポートなどでは、要約の後に自分の意見をつけ加えなければならない場合もありますが、その場合も、どこまでが元の文章の要約で、どこからが自分の意見なのか、明確にわかるように書いてください。

## † 3.11 この章の参考文献

中澤務・森貴史・本村康哲編『知のナヴィゲーター』くろしお出版、2007
山田ズーニー『伝わる・揺さぶる！ 文章を書く』PHP研究所、2001

# 4. 文字と数字と記号

## †4.1 4種類の文字

　文章技術を磨くために、その部品となる文字についても勉強しておきましょう。日本語には、ひらがな・カタカナ・漢字の3種類の文字があります。漢字は紀元前1500年頃に中国で生まれ、3世紀頃に日本に入ってきました。平安時代には、漢字の一部を取ってカタカナが生まれ、漢字を崩した形としてひらがなが生まれました。

　現代では、これに加えてアルファベットを使うことも多く、日本語の文字は4種類と言っても良いでしょう。英語はアルファベットだけ、中国語は漢字だけ、韓国語はハングル文字だけを使っていることを考えると、4種類の文字を使っていることは日本語の大きな特徴の1つです。

　しかも、4種類のどの文字を使うか、厳密な意味でのルールは存在しません。たとえば、我々が日常使っている言葉は、「日本語」「にほんご」「ニホンゴ」「Nihongo」とどう書いてもかまいません。事実、日本人であれば漢字で書くのが普通ですが、日本語を習い始めた外国人ならば、それ以外の書きかたから覚えることもあるでしょう。しかし、どれも間違いではないのです。

　ただ、同じ単語でもどの文字を使うかによって読者に与えるイメージは違います。上の例でいえば、「日本語」が正式な言いかた。「にほんご」はやさしいイメージ、「ニホンゴ」は、冗談をまじえながらも客観的な感

じ、「Nihongo」と書くと、日本語を習い始めたばかりの外国人を思い浮かべるのではないでしょうか。また、宣伝広告などでは、普通ならば漢字で書く単語をカタカナで書いて注意を引き付けるような工夫をすることもあります。たとえば、「キレイキレイ泡ハンドソープ」の「キレイキレイ」や「らあめんたろう」などは本来ならば「きれいきれい」か「綺麗綺麗」、「ラーメン太郎」と書くところです。しかし、わざとそうしないことによって、別のイメージを生み出しています。

## †4.2 文字の使い分け

　このように、日本語の文字は、かなり自由に使っても、「間違い」と言われることはあまりありません。ただ、それでも一応、使い分けのマナーのようなものは存在します。

　まず、普通の単語では漢字かひらがなを使い、外来語にカタカナを使うことは、説明不要でしょう。また、「サンマ」「タンポポ」など、動植物の名前にカタカナを使うこともよく見られます。ただし、動植物も食べ物として扱う場合は「さんま」や「大根」のように、漢字かひらがなで書くのが普通です。ほかにも、「ヤバい」などの俗語、「ガリガリ」などの擬音語・擬態語、「ケンタ」などのあだ名もカタカナで書く場合が多くあります。そして、「カタカナ」という字の名前自体も、「片仮名」と漢字で書かずにカタカナにすることがよくあります。

　カタカナよりも難しいのが、漢字とひらがなの使い分けです。絶対的な基準ではありませんが、一つの目安として次のような場合は漢字ではなくひらがなで書くのが普通であることは知っておいてください。

- 「たとえば」「あまり」などの副詞
- 「〜してほしい」「〜してもらう」「〜ようになる」などの補助的な動詞や形容詞
- 「〜すること」「〜したとき」

- 「ある」「できる」
- 「行ってみたいものだ」「語りあったものだ」「人間というものは〜」などの「もの」

## † 4.3 書きかたの統一

上のような目安がある場合は問題ありませんが、複数の書きかたがあるにもかかわらず、特に目安がない場合もあります。たとえば、次のような例です。

カタカナ
- 元の英語が-erや-yで終わる場合の長音記号の有無
    例： コンピューター／コンピュータ、アクセサリー／アクセサリ
- 「ア」と「ヤ」
    例： ダイアモンド／ダイヤモンド、リタイア／リタイヤ
- 「イエオ」と「ィェォ」
    例： クイーン／クィーン、ウエイト／ウェイト、ウオーク／ウォーク

漢字とひらがな
    例： 平仮名／ひらがな、話し方／話しかた

送りがな
    例： 取り扱い／取扱い／取扱、行なう／行う

どの場合も、どちらの書きかたが正しいという絶対的な基準はありません。文書の提出先から指示がある場合はそれに従ってください。特に指示がないとき、気を付けるべきことは、書きかたの統一です。同じ単語であるにもかかわらず、異なる書きかたをしていることを「表記の揺れ」と言い、表記が揺れると読みにくく感じることもあります。文書作成ソフトの置換機能を使えば簡単に処理することができるので、レポートなどの仕上

げのときには、一括して処理するのが効率的でしょう。

## †4.4 知っておくべき漢字の数

　4種類の文字の中で一番やっかいなのは、もちろん漢字です。文部科学省が定めた学習指導要領では、日本人は小学校を卒業するまでに約1000字の漢字を習うことになっています。高校在学程度とされている漢字検定の準2級では、「1940字の漢字の読み書きを習得し、文章の中で適切に使える」レベルとなっています。さらに、文部科学省は、日常生活で使う「常用漢字」として、2136字を定めています。ところが、この常用漢字の中には、「鮭」「鮪」「鯛」「鮎」「鮒」「鯉」など魚偏のほとんどの漢字や、お菓子の羊羹の「羹」や、口の周りに生える「髭」など、日常的に使うにもかかわらず、入っていない字もあります（常用漢字表はインターネット上に置かれていて誰でもダウンロードできるので、興味がある人は一度見てみてください）。

　このように、知っておくべき漢字が2000字以上ある上に、それぞれの漢字には複数の読みかたがあります。このため、小学生のころから漢字を学習し続けてきたのに、まだまだ漢字の知識が足りない人もいるのではないでしょうか。たとえば、次の漢字は漢検2級レベルです。（1）が読めるでしょうか。（2）のカタカナ部分を漢字にできるでしょうか（解答は章末にあります）。

（1）　甲羅、紡績、熟れた果実
（2）　勝利にコウケンする、敵がセマる、キュウカを取る

　漢字力を向上させるには、第2章でもお話したように、読書量を増やすことです。その読書の中で、読めない漢字があれば辞書を引いてください。国語辞典は読めないと引けないので、漢和辞典を引きます。電子辞書に搭載されている漢和辞典は、部首からの検索や手書きでの検索ができる

ので、使うのも簡単です。知らない漢字は辞書を引く。この習慣を身に付けてください。

## † 4.5 同音異義語と変換ミス

　日本語の特徴の1つとして4種類の文字があるという話をしましたが、文字と音という点で、もう1つの特徴が、同音異義語が多いことです。英語でも、meet（会う）と meat（肉）などの同音異義語はありますが、日本語はその比ではありません。たとえば、コウカイと読める語は、ちょっと辞書を引くだけで、「公開」「後悔」「航海」「公海」「更改」など、たくさんの例が出てきます。熟語以外でも「あたたかい」は、気温ならば「暖かい」、食べ物や飲み物ならば「温かい」と書かなければなりません。

　最近はパソコンを使って文章を書くことが多いので、漢字が書けなくて困ることも少なくなっています。しかし、同音異義語の中から適切な漢字を選ぶのは人間です。「特徴」と「特長」など似たような意味の同音異義語は注意して覚えておいてください。

　意味の違いを知っているのに、うっかりやってしまうのが、変換ミスです。たとえば、「イゼンとして、行方がわからない」というような場合、「依然」が正しい漢字であるとわかっていても、慌ててワープロを打った場合、間違って「以前」と変換してしまうこともありがちです。見直しをする場合は、そういった点にも気を付けてください。

## † 4.6 英数字の書きかた

　前述したように、現代の日本語ではアルファベットも頻繁に使います。また、横書きでは、数字も「1」「2」「3」などのアラビア数字（算用数字とも言います）を使うことがほとんどです。アルファベットやアラビア数字を書くときに気をつけるべきことは、全角と半角の区別です。例を示せば、全角で書くと「ａｂｃｄ」「１２３４」、半角では「abcd」「1234」

となります。通常、アルファベットやアラビア数字は半角で書いてください。1桁の数字だけは全角で書くこともありますが、多くの場合、英数字は半角と覚えておけば良いでしょう。

　数字については、次のようなときには、漢数字を使うのが普通ですので、覚えておいてください。

- 固定した表現
  一枚岩、三輪車、四角形、七不思議、…
- 固有名詞
  四国、九州、十日町、…
- 概数
  二三人、数十個、…
- お金
  五円玉、千円札、…

## † 4.7 記号について

　文字や数字に加えて、「　」『　』（　）などの記号を使うことがあります。これらの記号の使いかたにも、ある程度のマナーがあるので、覚えておいてください。

- 「　」かぎ括弧
  会話文、引用、雑誌や新聞の記事名、強調したい言葉、など
- 『　』二重かぎ括弧
  書名・雑誌名、会話の中の会話、など
- （　）丸括弧
  略称、略語のフルスペル、読み仮名、説明、など
- 中黒
  カタカナ語の区切り、外国人の姓と名の間、など

：コロン
　箇条書き、など

　文法的には、会話文以外の「　」と『　』に挟まれた部分は、元の品詞のままか、または、名詞句と考えますが、（　）の部分は、そこに存在しないものと考えます。たとえば、以下です。

（３）　大学に「入る」ことが大事なのではなく、そこで「学ぶ」ことが大事なのだ。
（４）　明日は、駅前のラーメン屋（餃子が100円！）で昼御飯を食べよう。

　（３）の文は、「入る」を削除すると文として成り立ちませんが、（４）では（餃子が100円！）の部分を削除しても文として成り立ちます。これが「　」と（　）の文法的違いです（＊が付いているのは、不自然であったり、間違っていたりする表現です）。

（３'）＊大学にことが大事なのではなく、そこでことが大事なのだ。
（４'）明日は、駅前のラーメン屋で昼御飯を食べよう。

　中黒については、いろいろな使いかたがあるので、慣れないうちは、カタカナ語以外には使わないようにしたほうが無難です。たとえば、A・B・Cと書いた場合、それらが１つの単語なのか３つの単語なのか、また、３つの単語が並列されているとすれば、「AとBとC」なのか「AかBかC」なのかが、わかりにくくなります。
　コロンは、文中には使わず、以下のような箇条書きの小見出し部分などに使います。

集合時間：午前９時
持ち物：弁当、水筒、ハンカチ、…

コロンと似た記号に、セミコロン（;）がありますが、これを日本語で使うことはほとんどありません。キーボードでもコロンの横に並んでいるので、間違って使わないように気をつけてください。

## † 4.8 この章の参考文献

一般財団法人テクニカルコミュニケーター協会編著『日本語スタイルガイド　第 2 版』2011

見坊豪紀他編『三省堂国語辞典　第七版』2014

公益財団法人 日本漢字能力検定協会ホームページ（2019 年 4 月 28 日）
　　https://www.kanken.or.jp/

常用漢字表（2019 年 4 月 28 日）http://www.bunka.go.jp/kokugo_nihongo/sisaku/joho/joho_kijun/naikaku/pdf/joyokanjihyo_20101130.pdf

文部科学省・外来語の表記（答申）（抄）（2019 年 4 月 28 日）http://www.mext.go.jp/b_menu/hakusho/nc/t19910207001/t19910207001.html

山口仲美『日本語の歴史』岩波新書、2006

（1）と（2）の答：（1）　コウラ、ボウセキ、ウれた果実
　　　　　　　　　　（2）　貢献、迫る、休暇

# 5. 単語と辞書

## †5.1 情報の担い手の中心としての単語

　言葉を情報伝達のための道具だと考えると、その中心となるのは、単語です。この章では、文章技術を身に付けるために単語の使いかたを勉強しましょう。

　もし、外国人が「Ah, watashi, Nihongo, no.」と言ったとしましょう。日本語の文法に則った表現でもなく、no という英語まで入っているにもかかわらず、我々は「この人は自分が日本語を話せないことを伝えているのだな」とすぐに理解できます。それは、「私」と「日本語」という単語が入っていて、no という英語は否定を表す単語であることを我々が知っているからです。「話す」という単語がこの文に入っていなくても、また、文全体が文法的に正しくなくても理解ができるのは、言葉による情報の大部分を単語、それも名詞が担っているからにほかなりません。

　では、誰かが「ラリイは、まったくキモクレをメタマれなかったみたいだ」と言ったとしましょう。「ラリイ」「キモクレ」「メタマる」という意味不明の単語が入っていますが、文法的には正しいように聞こえます。しかし、何を言っているかまったくわかりません。このことからも、情報伝達の中心が、単語であることがわかります。

## † 5.2 単語の階層構造

日本語には膨大な数の単語がありますが、それらの単語は1種のネットワークを作っていると考えられます。たとえば、「人間」「哺乳類」「日本人」「犬」「猫」という5つの単語は右の図のような関係を持っています。「食べ物」「中華料理」「餃子」「焼売」、「医者」「外科医」「心

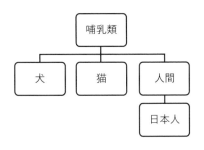

臓外科医」「内科医」、「身体」「頭」「手」「足」「膝」、「勝利」「辛勝」「大勝」など、ほとんどの単語は何らかの階層構造に組み込まれています。階層構造には2通りあり、ある単語が別の単語の意味の一種類である場合もありますし、一部である場合もあります。たとえば、「外科医」は「医者」の一種類であり、「手」は「身体」の一部です。

文章を書くときは、この階層構造を意識することが1つのポイントです。たとえば、次の3つの文は、文法構造がまったく同じなのに、自然な文と不自然な文があります（* が付いているのは、不自然であったり、間違っていたりする表現です）。

（1） *昨日、植物を食べた。
（2） 昨日、サツマイモを食べた。
（3） 昨日、高系14号を食べた。

「食べられる植物」とは言いますが、普通「植物を食べた」とは言わないので、（1）はどう考えても不自然です。（2）は問題ありません。（3）の「高系14号」とはサツマイモの品種の名前です。サツマイモの専門家ならば、こういう話もするかもしれませんが、そうでなければ言わないで

しょう。逆に、サツマイモの専門家同士が品種の話をする場合であれば、（2）は意味のない発言です。この「植物 ⊃ サツマイモ ⊃ 高系14号」は、階層構造になっており、場合に応じて必要な階層を選ぶ必要があるわけです。

もう1つ、別の例を見てください。

（4） 名古屋と岩手と米国

前後関係にもよりますが、この3つを並べるのは不自然です。名古屋は都市、岩手は県、米国は国であり、階層が異なるため、読んでいて違和感を覚えます。

わかりやすく説得力のある文章を書くためには、不自然にならない限り、下の階層を使うことが大事です。たとえば、「身体が痛かったので、医者に行った」よりも「膝が痛かったので、整形外科に行った」というほうが、内容がはっきりと伝わります。

## †5.3 類義語と対義語

単語と単語の間には、ほかにもいろいろな関係があります。その中で、同じような意味を持つ単語を類義語、反対の意味を持つ単語を対義語と呼びます。たとえば、「患者」と「病人」は類義語、「患者」と「医師」は対義語です。

ここで、考えておきたいのは、類義語の意味の違いです。もちろん、意味が似ているから類義語なのですが、まったく同じ意味ならば、2つの表現が存在しているのは無駄です。人間の言語は本質的に無駄を嫌うので、まったく同じ意味を持つ表現があった場合、どちらかがなくなっていくのが普通です。類義語同士がどちらもよく使われているとすれば、その意味するところが微妙に異なるからにほかなりません。たとえば、さきほどの例の「患者」と「病人」は何が違うでしょうか。『三省堂国語辞典第七版』

(以下、『三国』)によると、「患者」とは「病気にかかったり、けがをしたりして、治療を受ける人」です。病気をしている人だけではなく、怪我をしている人も含めること、そして、治療を受けていない人は含めないことが、「病人」との違いであることがわかります。

文章を書く際にも、類義語の意味の違いを意識することは大切です。同じような意味だと思って、間違った単語を使ってしまうと、誤解を引き起こしたり、文章全体の信頼性を損なったりすることがあります。本書の練習編に問題を載せていますので、考えてみてください。辞書を引けば載っているものもありますが、まずは、自分で考えたり、グループで話し合ったりしてから、調べてください。最近の電子辞書には国語辞典だけでなく類語辞典も搭載されているので、そちらを利用しても良いでしょう。

対義語については、意外と知らないこともあるので、それらは覚える必要があります。たとえば、「分析」という言葉は知っていると思いますが、その対義語が「総合」であることを知っていたでしょうか。少なくとも次に挙げる程度の対義語は覚えておいてください。

| | | |
|---|---|---|
| 時間 ⇔ 空間 | 理論 ⇔ 実践 | 偶然 ⇔ 必然 |
| 進化 ⇔ 退化 | 開放 ⇔ 閉鎖 | 緊張 ⇔ 弛緩 |
| 進歩的 ⇔ 保守的 | 能動的 ⇔ 受動的 | 帰納的 ⇔ 演繹的 |

先ほど述べた階層構造でいえば、対義語は、通常、同じ階層にあります。たとえば、「医師」の階層の下には「外科医」「歯医者」「漢方医」などがありますが、それらは「患者」の対義語としては不適切になります。

## † 5.4 単語同士の相性

類義語や対義語は、同じ品詞の単語の関係です。これに対して、異なる品詞のつながりかたについての関係もあります。日本語の場合、名詞＋助詞＋動詞（学校へ行く）、形容詞＋名詞（美味しいご飯）のような文法的

な関係がありますが、正しい品詞を満たせば良いというわけではありません。たとえば、「*ストーブに行く」「*美味しい本」は、品詞のつながりは文法的に正しくとも意味が通りません。これは、通常、「〜に行く」という表現の前には場所を表す単語が、「美味しい」という表現の後には、食べ物を表す単語が要求されるからです。

また、「評判がよくないこと」という意味の「不評」の後ろには、ほとんどの場合「買う」が続き、それ以外の動詞はあまり見かけません。ほかにも「場数」には「踏む」、「暴利」には「むさぼる」、「苦言」には「呈する」というように、名詞と動詞の組み合わせがほぼ決まっている表現が存在します。

このように、単語と単語の間には、相性があり、文章を書く場合は、そういった点も無視できません。自分が使おうとしている単語の相性がわからないときには、国語辞典などで調べてから使ってください。

## †5.5 難読熟語と四文字熟語

一つ一つの漢字は知っているのに、単語としての読みかたや意味がわからないような熟語があります。それらを知らなければ文章を読むときの妨げになるだけでなく、就職の際などにも不利になるかもしれません。たとえば、「行脚」「時雨」「山車」は、それぞれ「あんぎゃ」「しぐれ」「だし」ですが、読めたでしょうか。意味は自分で国語辞典を調べてください。ほかにも練習編に載せていますので、確かめてください。

もう1つ、4つの漢字で構成され、故事成語などを表す四文字熟語も覚えておいたほうが良いでしょう。たとえば、「朝令暮改」「言語道断」「弱肉強食」などです。これも練習編に入れてありますので、意味がわかるかどうか確認してください。

## †5.6 国語辞典で遊ぶ

　ネット上の辞書であれ、電子辞書であれ、紙の辞書であれ、英語の勉強のために英和辞典や和英辞典を引くことはよくあると思います。それに比べて国語辞典を引くことはほとんどないのではないでしょうか。おそらく日常生活でわからない日本語に出会うことはあまり多くないでしょうし、大学の勉強でわからない用語があるときには専門的な文献で調べるほうが効率的だからでしょう。しかし、文章技術を磨くという目的のためには、国語辞典は、いろいろな使いかたができる道具です。

　まず、自分たちが普段使っている言葉の中で、辞書に載っていなさそうな単語を探してみましょう。たとえば、「ありえない」「ヤバい」「なにげに」は、どうでしょうか。辞書によって新語をいち早く取り入れるものもあれば、慎重に様子を見ているものもあります。いくつかの辞書を引き比べて違いを見るのも面白いかもしれません。

　次に、「かむ」という単語を引いてください。「上下の歯を強くあわせる」「食べ物を上下の歯の間に強くはさんでくだいたり切ったりする」という、よく使う意味のほかにいろいろな意味があることがわかります。ほかにも、「飛ぶ」「結ぶ」「振る」「世界」「先生」「家」「おいしい」「高い」など、基本的な単語を引いてみてください。知っていると思っていた言葉の新たな意味を発見できるかもしれません。

　3つ目は、一人ではなく、誰かとペアになって行うゲームです。たとえば、次の文はどんな単語の説明でしょうか。

　①大声をあげたり、音を立てたりして、やかましくする。②あわてふためく。③酒を飲んでにぎやかに遊ぶ。④おだやかでないようすを見せる。⑤やかましくうわさをする。

（『三国』、例文は割愛）

答えは「騒ぐ」です。このように複数の意味がある単語の場合、何番目まで読んで当てることができるか、競ってみるのも面白いでしょう。

　最後に、自分で単語を定義する練習です。たとえば、「ランドセル」は「小学生などが学用品を入れて背負うかばん」（『三国』表記修正）と定義されています。ここで、この章の最初に

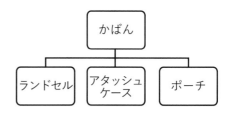

説明した単語の階層構造を思い出してください。ランドセルは、かばんの1つですが、ビジネス用のアタッシュケースや、化粧品などを入れるポーチと違うのは「小学生などが学用品を入れて背負う」という点です。この上にある「かばん」の階層を「類概念」、「ランドセル」や「ポーチ」などの下の階層を「種概念」と呼びます。単語を定義するときは、ほかの種概念との違い（小学生などが学用品を入れて背負う）を述べて、その後に類概念（かばん）を付け加えるのが一般的な方法です。本書の練習編に問題を載せていますので、自分で定義をした後、国語辞典を引いて確認してください。

## † 5.7 専門用語の扱いかた

　大学で専門的なことを学び始めると、専門用語が頻出します。最初は意味がわからなくても、慣れてくると、専門用語を使ったほうが楽に話せるために、自分でも自然と使い始めることになります。自分と同じ専門分野の人たちと話をするときにはそれでも良いのですが、異なる分野の人たちとのコミュニケーションにおいては、その用語が通じないこともよくあります。これは文章を書くときも同じです。

　まず、自分が使っている単語が専門用語かどうか意識してください。残念ながら一般語と専門用語を区別するための絶対的方法はありません。国語辞典を調べたり、周囲の人に聞いたり、高校生に通じそうかどうか想像

するしかないでしょう。もし通じそうにない場合は、別の言いかたができないか考えます。別の言いかたができず専門用語を使うしかない場合は、その用語をわかりやすく説明してください。その際には、上述した類概念と種概念の考えかたを使うのが良いでしょう。文章の中で専門用語が出てくる最初のところで説明しておけば、後はその用語を使って書いていけば良いわけです。

## †5.8 この章の参考文献

「少納言 KOTONOHA 現代日本語書き言葉均衡コーパス」http://www.kotonoha.gr.jp/shonagon/

沖森卓也編著『日本語概説』朝倉書店、2010

テイラー、ジョン・R『認知言語学のための14章』紀伊國屋書店、1996（辻幸夫訳、John R. Tylor. *Linguistic Categorization: Prototypes in Linguistic Theory.* Oxford University Press. 1995）

森口稔『テクニカルコミュニケーションへの招待』三省堂、2013

# 6. 文法と句読点

## †6.1 文法とは何か

　第5章でお話したように、情報伝達の道具としての言葉を考えたとき、その中心となるのは、単語です。では、文法はどういう役割を担っているのでしょうか。たとえば、（1）の単語の組み合わせは、「太郎がおにぎりを食べる」や「太郎はおにぎりを食べた」と考えるのが自然です。

（1）　太郎、食べる、おにぎり
（2）　太郎、次郎、殴る

　（2）は、「太郎が次郎を殴った」という文が思い浮かびますが、「太郎を次郎が殴る」という逆の解釈も成り立ちます。文末を変えて「太郎が次郎に殴られる」としても最初の意味とは逆になります。このように、「は」「が」「を」などの助詞を付けたり、「た」「れる」などの助動詞を付けて述語の語尾を変更したりすることによって、単語同士がどう関係しているか、それがいつのことであるかなどを明確にしているのが文法です。
　また、日本語の場合、単語の順番は比較的自由であり、「太郎が次郎を殴った」でも「次郎を太郎が殴った」でも同じ意味になりますが、「* が次郎殴ったを太郎」だとさすがに意味は通じません。このように語順を決めているのも文法です。

もう一つ、「太郎が次郎を」「太郎が殴る」「次郎を殴った」というように、文に必要な要素が欠け落ちている場合も、文法的な間違いと言って良いでしょう。ただ、これも日本語の場合は英語などに比べてかなり自由で、文脈から理解できる場合は、省略することもよくあります。

　まとめれば、日本語の文法とは次の４つに関する決まり事だと考えて良いでしょう。

・助詞の使いかた
・助動詞の使い方も含めた、述語の語尾の活用
・語順
・文に必要な要素

　生まれたときから日本に住んで日本語を使い続けていると、文法的な間違いをすることはあまりありません。特に、助詞の使いかたを間違うことはほとんどないので、ここでは解説しません。ただし、練習編には問題を載せてあるのでやってみてください。

　助詞以外の３項目については、うっかり間違ったり、読みにくい構造になってしまったりすることがあります。自分が文章を書いているときは、そういう点には気が付きにくいので、第９章でお話しするように、ほかの人にチェックしてもらうのが良いでしょう。

## †6.2 主部と述部のねじれ

　文法的な間違いを起こすことがほとんどないとは言っても、うっかりと犯してしまう間違いが、主部と述部のねじれという現象です。たとえば、次の例を見てください。

（３）　*大切なのは、自分で考えて行動する。

この文は、「大切なのは」という主部と、「自分で考えて行動する」という述部が正しく対応していません。このような文をねじれ文と呼びます。「大切なのは」が主部であれば、述部は「…ことである」が自然なつながりですし、「自分で考えて行動する」が述部であれば、人間が主語でなければなりません。つまり、文に必要な要素が欠けているか、もしくは、余分なのです。この例は短い文なので、間違いであることがすぐにわかりますが、少し長めの文になると、このような間違いは意外と引き起こしやすいものです。第7章で説明しますが、文の長さは50字程度までにするのが良いでしょう。

## †6.3　ラ抜き、サ入れ、レ足す

　しばらく前、「ラ抜き言葉」「サ入れ言葉」「レ足す言葉」が話題になりました。正しい言いかたは［　］の中に示していますが、結局、これも文法の問題の一つです。

ラ抜き言葉：　＊おいしく食べれる［食べられる］
サ入れ言葉：　＊配らさせていただきます［配らせて］
レ足す言葉：　＊この水は飲めれる［飲める］

　これらの言葉は、大きな話題となる前に既に方言として使われていたものもあり、また、既に全国的にも浸透しつつあるため、話し言葉では目くじらを立てる人も少なくなってきたかもしれません。しかし、書き言葉の場合、やはり文法的に正しく書くように心がけてください（書き言葉と話し言葉の違いについても第7章で詳しく説明します）。
　ラ抜き言葉は、可能表現を作ろうとする場合に現れます。ラ抜き言葉が出てきた背景は、多くの動詞で可能表現と受身表現が同じであることです。たとえば、「食べられる」は、「このキノコは食べられる」のような可能表現でも使われますし、「小さな魚が大きな魚に食べられる」のような

受身表現でも使われます。可能と受身を区別したいという心理が働いてラ抜き言葉が出てきたのかもしれません。とは言え、やはり、書き言葉ではラ抜き言葉は避けるべきでしょう。

　自分が書いた単語がラ抜き言葉になっていないかチェックするためには、まず「れる」の前に「ら」を入れてください。「ら」を入れても可能表現になっていれば入れたままにしてください。たとえば、「投げれる」は「投げられる」としても可能表現です。

　一方、「ら」を入れると可能の表現でなくなってしまうような場合、「ら」を入れない状態が正解です。たとえば、「取れる」に「ら」を入れて「取られる」とすると、可能の意味はなくなり受身の意味だけになってしまいます。ある調査によると、ラ抜き言葉になるのは、「来る」「見る」「着る」「寝る」などの短い単語が多いようなので、その場合は特に気を付けましょう。

　サ入れ言葉にならないようにチェックする方法は3つあります。最も簡単な方法は「さ」を取り除くことです。取り除いても日本語として問題なければ、「さ」を取ってしまってください。たとえば、「座らさせていただきます」は「座らせていただきます」となります。

　ただ、「さ」を入れてしまうのは、上の例のように「いただきます」が続いて敬語を作ろうとしているときなので、敬語に自信がなければ不安が残るかもしれません。その場合は残りの2つの方法を使ってください。

　まず、2字の漢字の後に「する」が付いて動詞になっている単語であれば「さ」を入れて問題ありません。たとえば、「見学する→見学させて」「味見する→味見させて」などです。

　次に、そうでない動詞の場合は、「ない」を付けて否定形を作ってください。「ない」の前が「あ」の段になる場合は「さ」を入れず、「ない」の前の部分をそのままにしてすぐに「せて」を続けてください。たとえば「眠る→眠らない→眠らせて」「買う→買わない→買わせて」などです。「ない」の前が「あ」の段にならない動詞は「さ」を入れてかまいません。たとえば、「居る→居ない→居させて」「数える→数えない→数えさせて」

などです。ただし、この方法も「来る」「寝る」「見る」など短い単語には当てはまらない場合もあるので気を付けてください。

レ足す言葉にならないようにチェックする方法は、「れ」を削除してみるだけで良いでしょう。レ足す言葉は、可能を表す場合に作ってしまうだけで敬語とは関係ないので、自分の持っている日本語の感覚で可能の意味になっていれば、それで大丈夫です。

## †6.4 形容詞＋「です」

「高いです」「大きいです」のように形容詞の後に「です」を付ける形式も、間違いとは言えませんが、日本語としては少し不自然であり、書き言葉では使いません。「ですね」のように後ろに「ね」「よ」「か」などの助詞を入れると自然になりますが、やはり書き言葉ではなくなります。

この表現を避けるためには、文脈に合わせて言い換えるしかありません。たとえば、「高いです」は、値段が高い場合であれば「高価です」としたり、標高が高い場合であれば「高さがあります」「高くそびえ立っています」のような方法が考えられます。

## †6.5 語順

上述したように、日本語の語順は比較的自由ですが、だからこそ気を付けておきたい点があります。たとえば、次の例を見てください。

（４）　大学に辞書を持っていく
（５）　大学に姉が高校時代から使っていた辞書を持っていく
（６）　大学に、姉が高校時代から使っていた辞書を持っていく
（７）　姉が高校時代から使っていた辞書を、大学に持っていく

（４）は普通の語順ですが、（５）のように「辞書」についての説明を加

えると、少し読みにくくなります。この場合、(6)のように、読点を打つか、(7)のように、「辞書を」の部分と短い「大学に」の部分を入れ替えると、読みやすくなります。

## † 6.6 句読点

　書き言葉にとってもう1つ重要なのが、句点（。）と読点（、）です。
　句点の規則は簡単です。1つの文の終わりを示すために打つ、これだけです。それ以外のところに句点を打つことはありません。少し迷うことがあるとすれば、箇条書きの場合でしょう。たとえば、(8)のように語句を箇条書きする場合は、句点を付けないのが普通です。文を箇条書きする場合は、どちらでもかまいませんが、(9)のように、2文以上になっている項目がある場合は、すべての項目に句点を付けて統一します。

(8)　持ち物
　　　・弁当、水筒
　　　・筆記用具
　　　　・・・

(9)　禁止事項
　　　・飲食をすること。
　　　・携帯電話等で通話をすること。メールはかまいません。
　　　　・・・

　一方、日本語の読点には明確な規則がありません。たとえば、英語で「AとBとC」という場合、「A, B and C」のように、AとBの間にはカンマを入れるのが規則です。ところが、日本語は、ABCの長さによって変わってきます。次の例を見てください。

(10)　東京と大阪と札幌
(11)　東京と、大阪と、札幌
(12)　父が住んでいた所と母が住んでいた所と私が住んでいた所
(13)　父が住んでいた所と、母が住んでいた所と、私が住んでいた所

　(10)のようにABCの要素が短い場合は、「と」の後ろに読点がないのが普通です。(11)は間違いではありませんが、少し大げさな感じになります。一方、(12)のようにABCの要素が長いとどこに区切りがあるかわかりにくいので、(13)のように読点を入れて読みやすくします。では、ABCが何文字以上あれば読点を打つべきかと問われても明確な答えはありません。読みやすさを考えて、としか言いようがないのです。
　もう一つ、次の例はどうでしょうか。

(14)　兄にもらったメガネのケース

　この書きかたでは、お兄さんがくれたのが「メガネ」なのか、「ケース」なのかわかりません。「メガネ」をもらった場合ならば、「兄にもらったメガネを入れるケース」とするか、文脈によっては別の文にするしか方法はないでしょう。「ケース」をもらった場合ならば、後半を「メガネケース」と1単語にしたり、「兄にもらった、メガネのケース」のように読点を打ったりすることができます。
　読点の機能は、一言でいえば、文の中の情報をある程度の塊に分けることです。その使用には明確な規則がありませんが、読みやすさを考えて以下のような表現の後には読点を打つほうが良いでしょう。

・接続詞：　したがって、しかし、ところで、また、その結果、
・主題：　〜は、〜について言えば、
・時点・条件・理由を表す節：　〜とき、〜ならば、〜だから、
・同じ種類の文字が連続している場合

最近は、横書きの場合、句点の代わりにピリオド（.）、読点の代わりにカンマ（,）を使うことも多くなってきています。文書の提出先によって、決められていることもあるので、その場合は、提出先のルールに従ってください。

## †6.7 この章の参考文献

北原保雄編『問題な日本語』大修館書店、2004

北原保雄編著『続弾！問題な日本語』大修館書店、2005

野田尚史『はじめての人の日本語文法』くろしお出版、1991

# 7. 文体

## † 7.1 文体とは何か

　文体とは、文章の特徴のことです。同じ内容であっても、文体が異なると読んだときの印象がまったく違います。たとえば、次の文を比べてみてください。

（1）　そいつは、夕べ、逃げていった。
（2）　その人は、昨日の晩、逃げていきました。
（3）　その者は、昨晩、逃走いたした。
（4）　そのお方は、昨夜、お逃げになりました。

　伝えようとしている内容はどの文も同じですが、受ける印象が異なるだけでなく、そこに書かれている出来事や登場人物に対する、書き手の立場や気持ちが現れている場合もあります。この例を見てわかるように、文体を決める主な要素は、使う単語と文末の表現です。また、上の例には出てきませんが、一文の長さも文体を決める要素の一つです。

## † 7.2「です・ます」体、「だ」体、「である」体

　文末表現によって文体が異なる代表的な例が、「です・ます」体と「だ・

である」体です。「です・ます」体は敬体、「だ・である」体は常体と呼ばれることもあります。また、「だ」体と「である」体も、読んだときの印象が違うので、ここではそれも区別しておきましょう。それぞれ、次のような印象を読む人に与えます。

- 「です・ます」体
    丁寧でへりくだった印象、やさしく語りかけるような印象
        例： 手紙文、案内文、取扱説明書
- 「だ」体
    意思や主張を感じさせるような印象、尊大な印象
        例： 新聞の論説やコラム、雑誌記事
- 「である」体
    客観的で理性的な印象
        例： 新聞のニュース記事、学術論文、教科書

「だ」体と「である」体は混在することもありますが、「です・ます」体と「だ・である」体を一つの文章の中で一緒に使うことはありません。必ずどちらかに決めて書き進めてください。

　一般的に大学向けの教科書は客観的に事実を述べるので「である」体で書かれているものがほとんどです。しかし、本書は、みなさんが予習することを想定し、親しみやすくわかりやすい文章にすることを考えて、「です・ます」体で書いています。

## †7.3 書き言葉と話し言葉

　もう一つ知っておきたいのが、書き言葉の文体と話し言葉の文体の区別です。これは先ほどの敬体と常体とは別の分け方です。つまり、敬体の書き言葉、常体の書き言葉、敬体の話し言葉、常体の話し言葉の4種類があるわけです。たとえば、本書は「です・ます」体の書き言葉であり、友人

とのLINE（ライン）のやり取りなどは、実際に声を出して話しているのでなくても、「だ」体の話し言葉になるでしょう。では、書き言葉と話し言葉はどのように違うのでしょうか。

多くの単語は、話し言葉でも書き言葉でも使われ、明確な区別はできません。たとえば、「大学」「日本」「住所」など、どちらの文体でも使う単語はいくらでもあります。

ただし、単語によってはどちらかの文体でしか使わないものもあります。たとえば、伝統的な手紙は、「拝啓」という言葉で書き始めます。この「拝啓」は「こんにちは」の書き言葉で、挨拶にあたる言葉です。一方、日常生活の挨拶は「こんにちは」や「おはよう」などとやり取りをするでしょう。口頭で「あ、どうも拝啓」とは言わないはずです。「拝啓」は書き言葉の挨拶、「こんにちは」は話し言葉の挨拶なのです。

話し言葉にしか使わない単語の特徴としては、次のようなものが挙げられます。

- 「よし！」「あ～あ」などの感動詞
- 「駐禁」（駐車禁止）「アコギ」（アコースティックギター）などの略語
- 「事故る」「ミスる」など、名詞に「る」を付けた動詞
- 「本当っぽい」「インターネットっぽい」など、「ぽい」で終わる、一部の形容詞
- 「オレ的に」「あの人的には」など、人に「的」を付けて立場や観点を表す表現
- 「がっつり」「キツキツ」など、一部の擬音語・擬態語

話し言葉にしか使わない単語はたくさんあるので、自分が使おうとしている単語が書き言葉にふさわしいかどうか自信がないときには辞書で調べてください。辞書によって書きかたは違いますが、〔話〕〔俗〕などの記号が付けられている単語や「くだけた表現」とされている単語、また、辞書にない単語は、文章を書くときに使わないほうが良いでしょう。

たとえば、個々の単語としては、以下のような例があります。

| 話し言葉 | 書き言葉 |
|---|---|
| こっち、あっち | こちら、あちら |
| そんな | そのような |
| なので | それ故 |
| でも | しかし |
| ちゃんと | きっちりと |
| やっぱり | やはり |
| すごく | 誠に、非常に |
| ちょっと | 少し、若干 |
| さっき | さきほど |
| しょっちゅう | 頻繁に |
| ぶっちゃけ | 正直なところ |
| なにげに | なにげなく、さりげなく |

| 話し言葉 | 書き言葉 |
|---|---|
| ヤバい | 素晴らしい、大きい、多い |
| キモい | 気持ち悪い |
| ウザい | わずらわしい |
| ハマる | 夢中になる |
| マジで | 冗談抜きで |
| チョー | 非常に |
| 〜とか | 〜や |
| 〜さん | 〜様、〜氏 |
| 〜ばっかり | 〜ばかり |
| 〜だけど | 〜だが、〜であるが |
| 〜じゃない | 〜ではない |

　単語に加えて、話し言葉で特徴的な表現は、文末の助詞です。たとえば、「雨が降ってるよ」「このパンおいしいね」「北海道は広いなあ」などの「よ」「ね」「なあ」などです。これらの助詞は、直前に述べられた「雨が降っている」「このパンはおいしい」「北海道は広い」などの文に対する、話し手の立場や気持ちを表しています。たとえば「雨が降ってるよ」と話し手が言った場合、その文の聞き手は雨が降っていることをそれまで知らなかったか、知っていたとしてもあまり意識していなかったはずです。逆に、「このパンおいしいね」と話し手が言った場合、その文の聞き手もそのパンのおいしさを知っていて、話し手は同意を求めていることになります。また、「北海道は広いなあ」は、聞き手がその場にいるかどうかに関係なく、「北海道は広い」という事実に対する、話し手の感動を表しています。

　書き言葉には、こういった文末の助詞は、間接話法の場合も含めて、通

常、出てきません。たとえば、「北海道は広いなあ、と感じました」は話し言葉の文体です。これを書き言葉にすれば「北海道の広さを感じた」というような表現が適切です。

話し言葉のもう一つの特徴は、省略です。たとえば、さきほどの「雨が降ってるよ」「このパンおいしいね」をもう一度見てください。正しい文法形式は「降ってる」ではなく「降って<u>い</u>る」、「パンおいしい」ではなく「パン<u>は</u>おいしい」です。話し言葉では、このように文法的な要素、特に助詞や助動詞が省略される傾向にあります。

友達同士のメールならば話し言葉で書いても良いでしょうが、大学や会社に提出する文章は、必ず書き言葉で書いてください。改まった文章を話し言葉で書くと、読み手には稚拙な印象を与え、就職の際にも不利になります。ここまで説明してきたような話し言葉の特徴を意識し、自分が書いた文章が万一それらの特徴を持っている場合は、書き言葉に訂正してから提出してください。

## †7.4 同じ表現の多用に注意

文体に影響する要素として気を付けておきたいのは、同じ表現の繰り返しです。特に、文章を書くことに慣れていないと、次のような表現を必要以上に多く使う傾向があります。

「のです」「のだ」「のである」
「と思う」「と思います」
「という」

「のです」や「のだ」を多用すると、押しつけがましく上から目線の印象になり、「と思う」を多用すると、自信がなさそうな印象を与えます。「という」は、もったいをつけて持って回った印象になります。また、必要のないところにこれらの表現を使うことによって、文が長くなり読みに

くくもなります。

　たとえば、次の二つの文章を比べてみてください。最初の文章には「のである」「という」「と思う」が入っていますが、二つ目の文章ではそれらを削除しています。内容はまったく同じであるにもかかわらず、後の文章のほうがすっきりとした印象になっていることがわかるでしょう。

（5）　何かを比べるということには一つの楽しさというものがあると思う。買物、旅行の目的地、読書、就職先、等。我々は、まず選択肢の比較ということから始めると思うのである。もちろん、正しい選択というものをするためではあると思うのだが、比べるという行為自体に楽しみを感じているということも確かだと思うのである。

（6）　何かを比べることには一つの楽しさがある。買物、旅行の目的地、読書、就職先、等。我々は、まず選択肢の比較から始める。もちろん、正しい選択をするためではあるが、比べる行為自体に楽しみを感じていることも確かである。

　ほかにも「非常に」「しっかり」「一生懸命」などを頻繁に使う人は多いようです。自分がどんな表現を多用しやすいか、癖を掴んでおいてください。

## †7.5　一文の長さ

　この章の最初に、文体を決める要素の一つに文の長さがあるという話をしました。1980年頃のデータですが、週刊誌の記事は平均35字、新聞の社説は平均54字という調査結果があります。週刊誌の記事と新聞の社説の文体が異なっている一つの証拠とも言えます。現在は、それぞれもう少し短くなっているかもしれません。

　この二つの数字から考えると、長い文でも、50字程度までと考えてお

くのが良いでしょう。一文が長すぎると、読みにくくなるだけでなく、文法的な間違いを起こす原因にもなります。50字という基準は絶対的なものではありませんが、慣れないうちは短めの文を書くように心がけておいてください。

　一文が長くなる原因は、主に二つ考えられます。一つは、（7）のように、名詞を修飾する語句が長々と続く場合で、もう一つは、（8）のように接続助詞によって文を続けてしまう場合です。（8）の例では、下線を引いた「が」「ば」「ので」「し」が接続助詞です。接続助詞を使いすぎて文が長くならないように気をつけてください。

（7）　昨日遅く家に帰ってきて作ったけど結局食べなかったチャーハン
（8）　今後は決められた規則に従って作業を進めていくつもりだが、状況がさまざまに変化すればそれに柔軟に対応していかなければならないので、あまり厳しく管理して欲しくないし、みんなで話し合ってから決めるべきだろう。

## †7.6 名文に親しみ、音読する

　いろいろな文体を体感するための一つの方法として、日本の昔からの名文に親しみ、音読することをお勧めします。言葉には、文字と音声の二つの側面がありますが、音読は、目で見た文字を口から音声として出し、さらに音声を自分の耳で聞くことです。このとき、文字と音声の両方のシステムを同時に使うため、脳が活性化して記憶力が向上すると考えられています。参考文献に挙げた書籍などを参照してみてください。

## †7.7 この章の参考文献

秋月高太郎『ありえない日本語』筑摩新書、2005
樺島忠夫『文章構成法』講談社現代新書、1980

神尾昭雄『情報のなわばり理論：言語の機能的分析』大修館書店、1990

川島隆太、安達忠夫『脳と音読』講談社現代新書、2004

北原保雄編『問題な日本語』大修館書店、2004

齋藤孝『声に出して読みたい日本語』草思社、2001

山口仲美『日本語の歴史』岩波新書、2006

# 8. 文書の作成

## †8.1 文章と文書

　書き言葉での「文」は、句点（。）で区切られた文字列のことです。「文章」は、その文が集まり、あるまとまった内容を表します。単語が集まって文を作り、文が集まって文章を作るわけです。小説や詩などのフィクションも、論文も、教科書も、メールも、すべて文章が書かれています。

　一方、「文書」は、文章が目に見える形式を持って書かれた書類のことです。通常、書類は紙に書かれていますが、最近は、コンピューターのファイルも文書と呼ぶことがあります。文章は言葉の中身ですが、文書はその言葉を物理的に見せる方法も含みます。別の言いかたをすれば、文章は内容であり、文書は内容＋形式のことです。

　第1章でもお話したように、高校までの勉強は勉強のための勉強でしたが、大学に入ってからの勉強は仕事の準備としての勉強です。勉強と仕事の最大の違いはお金をもらうかどうかですが、そのために必要となるのが形式です。高校までは内容さえよければ形式について問われることはなかったかもしれません。しかし、仕事は決められた形式に従って進める必要があります。仕事の準備である大学においては、文章だけではなく、文書としてきっちりしたものを書くことが求められることになります。

　文書の形式は、文字の大きさと形、文字列の配置、図表などを含みます。第7章までは文章について解説してきましたが、この章では、まず、

文書の形式について解説した後、実際の文書作成について考えましょう。

## †8.2 文字サイズと書体

　現在、文書の作成は手書きではなくパソコンを使うことが多いので、ここからは、Microsoft Word を例にして説明していきます。Microsoft Word では、設定を変更しなければ、文字サイズは 10．5 ポイント、書体は明朝（みんちょう）体になっています。特に指定がなければ、この状態で文書を作り始めてかまいません。

　ただし、文書のタイトルや小見出しは、文字サイズと書体を変えたほうがわかりやすくなります。たとえば、本書の場合であれば、章のタイトルや「8.2 文字サイズと書体」などの小見出しは本文よりもサイズを大きくし、ゴシックという書体を使っています。

　パッと見たときに、タイトル・小見出し・本文の違いがわかるようになっていれば、特にどの書体を使ってもかまいません。たとえば、タイトルもゴシックではなく明朝にしてもかまいませんし、小見出しに下線をひくのも良いでしょう。ただし、本文をゴシックにすると目にキツすぎる感じがするのでお勧めしません。**たとえば、こんな感じになってしまいます。ここではたった2文だけですが、これが全文続くと読んでいて目が疲れてきます。**また、文書の内容によっては、**このように楽しそうな書体にしても良いでしょう。**ただし、大学や企業に提出する文書の本文は、やはり明朝が無難です。

　いずれの場合も、書体は統一してください。段落ごとに本文の書体や文字サイズが変わっていたりすると、読みにくく、場合によっては読む人の誤解を引き起こすこともあります。また、タイトルや小見出しも、それぞれに形式を統一する必要があります。

## †8.3 レイアウトと図表

　文書における文字列の配置はレイアウトと呼び、文字列の方向、余白の広さ、行間などを含みます。これも、特に指定がない限り、Microsoft Wordの設定を変更する必要はないでしょう。ただし、本書でも行っているように、段落の最初は1文字空ける、小見出しの前は1行空けるなど、読みやすさは工夫してください。

　伝えたい内容によっては、文章ではなく、図や表にしたほうがわかりやすい場合があります。たとえば、次のような場合を考えてみてください。

（1）　この半年間の名古屋の降水量は、1月が47mm、2月が60mm、3月が72mm、4月が65mm、5月が35mm、6月が120mmです。
（2）　内臓に関する英単語を教えましょう。肺はlung、胃はstomach、十二指腸はduodenum、肝臓はliver、膵臓はpancreas、小腸はsmall intestine、大腸はlarge intestineと言います。

　これではなかなか頭に入ってきません。このような場合、文章ではなく、次に示したように、（1）はグラフに、（2）は表にします。専門分野などにもよりますが、グラフのタイトルは下に、表のタイトルは上に書くことが多く見られます。

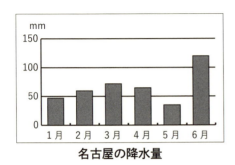

内臓に関する英単語

| 日本語 | 英語 |
|---|---|
| 肺 | lung |
| 胃 | stomach |
| 十二指腸 | duodenum |
| 肝臓 | liver |
| 膵臓 | pancreas |
| 小腸 | small intestine |
| 大腸 | large intestine |

文書を 2 枚以上の紙に印刷するときは、ホッチキスなどで留めてください。横書きの場合は左上を留めるのが普通です。余白を狭くしすぎて、留めたときに文字や図表が隠れてしまわないように気を付けましょう。

## † 8.4 文書の締切

文書を作成するのは、どこかに提出するためにほかなりません。提出には、通常、適切なタイミングがあり、場合によってははっきりと締め切りが決められています。単純なことですが、締め切りがある場合、必ず守ってください。風邪を引いて授業に出られなかった、アルバイトが急に入ってしまった、などという言い訳は、大学や仕事では受け付けられません。締切日ギリギリに提出するのではなく、前もって出せるように余裕を持って文書を作成してください。

## † 8.5 さまざまな文書

世の中には数えきれないほどさまざまな種類の文書があり、現代社会は文書によって動いていると言っても過言ではありません。学校関係の文書としては、学校から保護者への連絡、成績表、高校や大学の合格通知書などがあります。日常生活では、製品の取扱説明書、銀行の預金通帳、新聞のチラシなども、広い意味での文書です。大学を卒業して就職すれば、営業報告、出張報告、新製品提案書、事業計画書などさまざまなビジネス文書を読み、かつ、書かなければなりません。企業だけではなく、官公庁も住民や企業向けにさまざまな公文書を作成しています。

大学生活の中で作成する文書としては、レポートや卒業論文など、大学に提出する文書と、企業へのメールやエントリーシートなど、就職に直結する文書があります。この 2 つの文書は非常に重要なので、第 11 章と第 12 章で改めて説明します。それ以外の文書としては、奨学金や学生ベンチャーへの応募のための文書や、サークル関連の文書を作成する機会があ

るかもしれません。ここでは、新入生をサークル活動に勧誘するためのチラシを例にとって考えていきましょう。

## †8.6　サークルへの勧誘チラシ

　自分が所属しているサークル活動に新入生を勧誘するチラシを作成すると仮定してみましょう。勧誘チラシならば次のような情報を書く必要があるはずです。

- サークルの名称
- 活動内容
- 活動日時と場所
- 見学の機会や連絡先
　　チラシを見て、サークルを見学したいと思ったとき、どうするか
- 入会に必要な条件
　　初心者でも大丈夫か、道具などを買う必要があるか

　ただし、これらの情報を書き連ねているだけでは、勧誘チラシという文書の目的を果たすことはできません。読んだ人に「面白そう」「参加したい」と思わせるためには、文章の内容に合わせて形式を工夫する必要があります。たとえば、文字サイズ、書体、レイアウトなどを文章の内容によって変更し、イラストなどを入れるのも良いでしょう。ただし、書体の種類やイラストが多すぎると見にくくなるので気を付けてください。書体は3種類程度に留めておくのが適当です。

　次ページに、卓球サークルへの勧誘チラシの例を挙げておきます。このチラシは、文章としては次々ページの（3）〜（15）までの情報しかありません（数字は、説明のために加えたものです）。ただ、これらをそのまま箇条書きにしても文書としては面白いものにはならないので、いくつかの工夫をしています。

# Let's Play Ping-pong!

大学に入って何か新しいことをしたいなあ、と思ってる君！
卓球には興味あるけど、今までしたことないしなあ、と迷ってる君！
高校では卓球で青春したけど、大学はゆる〜くやりたいと考えてる君！
大学入ったから彼女／彼氏欲しいなあ、とひそかに希望を燃やしてる君！

## 卓球サークル "Takkun" に来ませんか？

活動日時： 火 17:00〜19:00、木 19:00〜21:00
活動場所： 体育館3階、卓球室
サークル室： サークル棟 B-203（工学部の裏）

楽しい合宿もあるよ

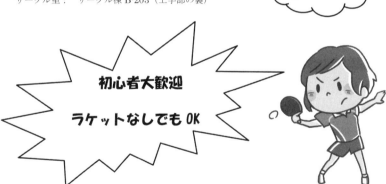
初心者大歓迎
ラケットなしでも OK

くわしくは、www.tanabe-sci.ac.jp/students/club/takkun/

（ 3 ）　Let's Play Ping-pong!
（ 4 ）　大学に入って何か新しいことをしたいなあ、と思ってる君！
（ 5 ）　卓球には興味あるけど、今までしたことないしなあ、と迷ってる君！
（ 6 ）　高校では卓球で青春したけど、大学はゆる〜くやりたいと考えてる君！
（ 7 ）　大学入ったから彼女／彼氏欲しいなあ、とひそかに希望を燃やしてる君！
（ 8 ）　卓球サークル"Takkun"に来ませんか？
（ 9 ）　活動日時：　火　17:00 〜 19:00、木　19:00 〜 21:00
（10）　活動場所：　体育館3階、卓球室
（11）　サークル室：　サークル棟B-203（工学部の後ろにあるよ）
（12）　楽しい合宿もあるよ
（13）　初心者大歓迎
（14）　ラケットなしでもOK
（15）　くわしくは、www.tanabe-sci.ac.jp/students/club/takkun/

　（3）の英語文は、Microsoft Wordの「ワードアート」と「文字の効果」という機能を使いました。「挿入」タブを開いて「ワードアート」を選び、文字を入力した後に「文字の効果」のところで文字列を変形させます。（4）〜（8）と（12）〜（14）で使っているのは、HG創英角ポップ体という書体です。ただし、文字のサイズは変えていて、（8）の"Takkun"のところは特に大きくしています。（12）のような斜めの文字列を作るにはまず「挿入」タブの「テキストボックス」で「横書きテキストボックスの描画」を選んで文字を入力してください。次に、そのテキストボックスを右クリックし、「図形の書式設定」を選び「3-D回転」の「Z方向に回転」で角度を決めます。（12）を囲んでいる雲の形や（13）と（14）を囲んでいるギザギザ模様は「挿入」タブの「図形」の中から選びました。右上のピン球とラケット、および、右下の選手は、Googleで「無料イラスト素材　卓球」と入力して検索した画像の中から選びました。ただし、上記のような操作はMicrosoft Wordのバージョン等によって異なることもあ

るので注意してください。

　ここでは、楽しそうな雰囲気を出す文書を例にしましたが、実際の文書はその目的に合わせて内容や形式も異なります。たとえば、論文やレポートの本文では、このチラシのように1行ごとに改行することはしませんが、必要に応じて箇条書きにしたり、グラフや表を入れたりするほうが良い場合もあります。一方、プレゼンテーションのための配付資料は長々と文章にするよりは箇条書きが中心になります。論文やレポートの内容については、12章「論文とレポート」で触れます。プレゼンテーションの配付資料については、本書の姉妹編『基礎からわかる話す技術』を参照してください。

## †8.7　この章の参考文献

Divan, Aysha. *Communication Skills for the Biosciences*. Oxford University Press. 2009.

Parker, Roger C. *Looking Good in Print, 3rd. ed*. Ventana Press. 1993.

一般社団法人テクニカルコミュニケーター協会編著『日本語スタイルガイド　第2版』テクニカルコミュニケーター協会出版事業部、2011

# 9. わかりやすく書くために

## †9.1 読者を意識する

　第1章で述べたように、我々は、通常、自分以外の誰かと知識や情報を共有するために文章を書きます。その意味で、文章を書くときは、常に読み手、つまり、読者を意識する必要があります。「敵を知り、己を知れば、百戦危うからず」とは、古代中国の武将、孫子の言葉ですが、これは文章を書くときも同じです。もちろん文章を書く場合、その読者は敵ではありませんが、相手を知ることが重要であることに変わりはありません。

　具体的には読者に関する次のような点を考える必要があります。次節から一つずつ説明していきましょう。

- 文書の目的
- 読者の持っている情報と知識
- 文書を読むときの環境
- 読者の行動
- 内容の取捨選択

## †9.2 文書の目的

　すべての文書には目的があります。自分はなぜこの文書を書くのか、読

者はなぜその文書を読むのか。たとえば、娯楽小説であれば、作家の目的は面白い筋書きを考えることであり、読者の目的は小説を楽しむことです。新聞であれば、新聞記者の目的は正確な事実を早く社会に伝えることであり、読者の目的はその事実を知ることです。そのため、いかに正しい事実であっても、面白くなければ娯楽小説にその情報は入れないでしょうし、新聞記事を面白くするために嘘の情報を混ぜれば社会的な罪にすらなります。すべての文書には目的がある、まず、これを頭に叩き込んでおいてください。

## † 9.3 読者の持っている知識と情報

　文書を読む時点で、その読者がどのような知識や情報を持っているかを知ることも大切です。読者の年齢、性別、学歴、職業、専門性、出身地などを元に、これから書こうとする文書の内容に関して、どのような知識や情報を持っているか想像してください。

　たとえば、第8章で例として作成した卓球サークルへの勧誘チラシを考えてみましょう。このチラシは、主に新入生に向けてのものなので、年齢は18歳か19歳。卓球の経験はないかもしれません。新入生なので大学のことはまだよく知らないはずです。サークルへの勧誘なので学部や出身地は関係ないでしょう。チラシを作る際にはそういったことも無意識に考えているかもしれませんが、どのような文書でも同じだと思っておいてください。

## † 9.4 文書を読むときの環境

　読者がその文書を読む環境も考慮してください。たとえば、新聞は朝の電車のホームで立ったままさっと読むことも多いでしょうが、小説は電車の中で座ってじっくりと読むかもしれません。教科書なら、机の上に広げて集中して読むはずです。そういった読者の環境の違いによって、内容の

構成、レイアウト、文体などを変える必要があります。

再びチラシの例でいうと、チラシはもらってすぐに目を通します。それならば、卓球サークルの活動内容を文章で長々と書くよりは、必要最低限の情報だけを載せて、後はパッと目を引くイラストや「初心者大歓迎」などの文言だけで十分です。

## † 9.5 読者の行動

読者がその文書を読んでいるとき、または、読んだ後に、どういう行動を取るかについても考えておきましょう。新聞や小説は読み終わっても、それについて何か行動を起こすわけではありません。一方、教科書は一度読んだだけでなく試験前には勉強し直すでしょうし、製品の取扱説明書は読みながら製品を使うはずです。

卓球サークルのチラシの場合は、その文書を読んで活動に参加してもらう必要があります。そのため、この文書では、サークル活動の場所や日時が不可欠の情報ですし、折り畳んで持ち歩けるような紙が良いでしょう。

## † 9.6 内容の取捨選択

読者分析の最後にするべきことは内容の取捨選択です。どのような文書を書く場合でも、書く前にいろいろな知識や情報を集めてくるはずですが、それをすべて文書の中に盛り込んでしまうと、却ってわかりにくくなることもあります。

自分の得意分野の知識や、一生懸命集めた情報は、できる限りたくさん盛り込みたくなるのも自然な気持ちです。しかし、読者が本当に知りたいのは、読者自身の目的に合った情報や知識であり、詳しければ良いというものではありません。たとえば、植物が酸素を作り出しているということを小学生に説明しようとするとき、葉緑素の化学的構造から講義する必要はありませんし、ミドリムシのことに言及する必要もありません。読者が

必要な情報は何か、それを第一に考えてください。

## † 9.7 実際に書き始める

　読者分析が終わったら、実際に書き始めます。第2章でもお話ししたように、とにかく書き始めてみないことには前に進みません。まだ自分の考えがまとまっていなくても、頭の中できれいに整理してから書くのではなく、書きながら整理していけば良いのです。その際には、次のような点を考慮してください。これも一つずつ見ていきましょう。

- 全体像の提示
- 語句と具体例
- 文や段落の長さ、箇条書きの項目数
- 視覚的な見やすさ

## † 9.8 全体像の提示

　文書の論理構造で大切なのは、まず、全体像を見せることです。今から何の話が始まって、どういう方向に流れていくのか、どの点については言及しないのか。いわば、文書全体の見取り図を読者に提示するわけです。小説以外の書籍には、通常、目次がついていますが、それが全体像だと思えば良いでしょう。

　読者としては、これから読むべき文書の全体像がわかれば安心できますし、全体を知らなければ、自分勝手な解釈を進めてしまうこともあります。それが、こちらの意図した方向であれば問題はないのですが、間違った方向へ進んでいった場合、後からその解釈を修正することはかなり困難です。

　文書自体の全体像だけではなく、章や段落についても同じです。いくつかの章に分けるのなら、その章の要約を最初に書くのが親切ですし、段落の最初には、その段落の内容を表すトピック文を書くのが良いでしょう。

たとえば、次の文章は、ある大学の定食のことを説明しています。

> 　サービス定食は、メインのおかずに野菜を添え、ご飯とみそ汁が付いて400円です。カレッジ定食は、500円で、サービス定食に比べてメインのおかずが豪華で、野菜の小鉢が1つ添えられています。ポプラ定食は、カレッジ定食と内容が同じですが、野菜の小鉢が2つ付いて550円です。エルム定食は、カレッジ定食のおかずとポプラ定食のおかずの両方が入っていて、小鉢は1つで600円です。スペシャル定食は、カレッジ定食と内容が同じですが、野菜は小鉢ではなく、サラダバーからの食べ放題で700円です。

　一つ一つの文は別に難しくはありませんが、いつまで定食の説明が続くのか、定食は何種類あるのか、段々と煩わしくなってきます。こういう場合、「この大学の食堂には、サービス、カレッジ、ポプラ、エルム、スペシャルの5種類の定食があります。」というトピック文を最初に書いておくと、読者は安心して読み進めることができます。

　ただ、実際に文書を作成するときは、全体像を書くのは、時間的に最後になることもありえます。一度原稿を書いて読み直してみたときに、章の最初の説明やトピック文が抜けていることに初めて気が付くことも時々あります。要は、読者が読んだときに全体像が最初にわかれば良いので、後述するように何度も見直しをして、全体像を最初に提示するような構造にしていってください。

## † 9.9 語句と具体例

　全体像を見せた後は、詳細の説明に入ります。そのときに大切なのは、読者が知っている語句を使うことと、具体的に表現することです。

　読者の持っている情報や知識を綿密に分析すれば、読者が知らない語句はだいたい想像できるはずです。可能であればそういった語句を使わず、

またどうしてもその語句を使う必要がある場合は、初めて出てきたときに、わかりやすく説明しておきます。第8章のチラシの例でいえば、キャンパスのことをよく知らない新入生を考慮して「サークル棟」の位置が工学部の裏であることを説明しています。

もう一つ、自分の言いたいことを読者に理解してもらうためには、抽象的な言い回しではなく、具体的な例が必要です。意図的に隠す必要があったり、どこを調べても具体例が見つからないような場合以外は、数字や固有名詞を使ってできる限り具体的に説明してください。たとえば、次の表の左の列の表現は、右のように言い換えるのが良いでしょう。

| 具体性に欠ける表現 | 具体的な表現 |
|---|---|
| 昔、以前、そのうちに、できるだけ早く、将来 | 世紀、年月日、日時分 |
| 遠く、近く、海外、地元 | 地名 |
| 大きい、高い、重い、安い | ～立方メートル、～メートル、～トン、～円 |
| 人、会社、学校、本 | 人名、企業名、校名、書名 |

ただ、気を付けなければいけないのは、この具体性が読者の知識や情報の範囲内であることです。たとえば、自動車の話の中で、具体性を持たせようとして「N-WGN カスタム」のように車種名を言っても、自動車に詳しくない相手ならば、却って混乱させるだけです。具体性についても、読者のことを考えて使い分けてください。

## †9.10 文や段落の長さ、箇条書きの項目数

パソコンで、大きなデータを処理していると、フリーズしてしまうことがあります。これと同じように、人間の脳も、一度に入ってくるデータの量が多すぎると処理しきれなくなってしまうと考えられます。文書を読んでいてそうならないためには、文や段落は適度な長さに切り、箇条書きの項目も増やしすぎないようにしてください。

文の長さについては、第7章でもお話したように50字程度まで、段落については、5文程度までが読みやすいでしょう。文は読み始めてみないと長さがわかりませんが、段落は一目で長さがわかります。長い段落を見ると、踊り場もなく一直線に続く登り階段の下に立ったような感覚を覚えてしまいます。

　箇条書きの項目は7項目までが適当です。電話番号が7桁前後であったり、世界の七不思議、七福神、七変化など7つ一組の概念があるのも、人間の脳の処理能力が7項目までだからという説もあります。

## † 9.11　視覚的な見やすさ

　第8章でお話したように、文書には、文章以外の要素として、レイアウト、図表、字の大きさなどがありますが、これらの要素についてもわかりやすくしてください。

　まず、レイアウトで大切なのは、余白です。ぎっしりと文字だけが詰まった文書は、読む気を萎えさせてしまいます。文字だけが詰まった真っ黒な文書にしないためには、必要に応じて、図表や箇条書きを入れると良いでしょう。

　文字の大きさは、9ポイント以上にしてください。中高年の読者にとっては、それ以下の字は小さすぎて読めません。いかに素晴らしい内容の文書でも読んでもらえなければ意味はありません。

　読者の注意を引くために、必要に応じて字体を変えることはかまいませんが、字体の種類が多すぎると、落ち着きがない紙面になります。見出し、本文、注意を引きたい箇所の3種類程度が適当でしょう。

## † 9.12　見直し

　ここまで説明してきたことに気を付けて文書を作成しても、自分では気づかずにわかりにくくなっていたり、うっかりしたミスを犯したり、非論

理的になっていたりすることは、よくあります。それを避けるためには、何度も見直すことが必要です。

　書き終わったら、とりあえず、一度見直します。次に、家族でも友人でも良いので身近な人に読んでもらうのが良いでしょう。自分では気づかなかった点を指摘してくれるはずです。その人の指摘を参考にして修正した後、できれば1日以上経ってからもう一度自分で見直します。そうすると、また、新たな点に気づくことがよくあります。

　こういった一連の見直し作業をするためには、文書を提出する締め切りの数日前までには一度完成させておかなければなりません。長い文書ならば、もっと長い時間が必要です。見直すことを予定に入れ、余裕を持って文書を作成する習慣を付けてください。

## †9.13 この章の参考文献

Coe, Marlana. *Human Factors for Technical Communicators*. Willey. 1996.

永山嘉昭、雨宮拓、黒田聡『説得できる文章・表現200の鉄則』日経BP社、2000

森口稔『テクニカルコミュニケーションへの招待』三省堂、2013

# 10. メールの書きかた

## † 10.1 メールの特徴

　本書で「メール」という場合は、パソコンで送受信するEメール＝電子メールを指します。高校生までは、メールを使うこともほとんどなかったかもしれませんが、大学では、送信や受信をしない日はないぐらい、不可欠なコミュニケーションツールです。

　しかし、メールの書き方を学ぶ機会は少なく、経験を積み重ねる中で、なんとなく学んでいるのが現状ではないでしょうか。この章では、大学生活でやり取りするメールの書きかたと注意点について説明します。

　まず、メールのメリットとデメリットを整理しておきましょう。

メリット
・時間を気にすることなく、いつでも送信できる
・同時に複数のあて先にメッセージを届けることができる
・受信と発信の記録が残る
・通信費用が安い
・添付ファイルで書類や画像などを送ることができる

デメリット
・アドレスを1字でも間違うと届かない

- 受信者がメールを読んでくれなかったり、すぐに返信してくれないことがある
- 技術的な原因で、メールが届かなかったり、文字化けしたり、添付ファイルが開けないことがある

## † 10.2 メール作成上の注意点

このようにメールにはデメリットがあっても、それを上回るメリットがあるため、ビジネスや研究・教育の現場では、なくてはならないツールです。そのため、仕事でメールを使う人たちは、膨大な量のメールを受け取り、それに返信しています。そういった人々にとっては、マナーを外れたメールは、腹立たしく返信すらしたくなくなります。

大学生になった今、メールを送る相手は、大学教員だけでなく、ビジネス社会に生きるさまざまな人々を含みます。そういった人たちが、読みやすく、気持ちよく返信してくれるようなメールを書くには次のような点に注意してください。次の節から、一つずつ見ていきましょう。

- アドレス
- 件名の書きかた
- 本文の内容
- 本文の文体と形式
- 添付ファイル

## † 10.3 アドレス

アドレスについては、自分が発信するアドレスと、メールを送る相手のアドレスの両方に気を付けてください。

まず、自分のアドレスについてです。メールを受信した相手は、通常、送られてきたアドレスにそのまま返信します。ところが、パソコンからの

メールを拒否する設定になっていたり、友人のアドレスを借りて送っていたりすると、せっかく返信してくれたメールを読めません。メールを送る場合、必ず、相手からの返信を受け取ることができるアドレスから送信してください。

アドレスと一緒に名前が設定できる場合、誰から来たメールか、受信者がすぐにわかるように、自分の名前を入れておきましょう。syutan-lovelove@9640.jp や purelovejunchan@9640.jp のようなメールアドレスだけでは、誰から来たかがわかりません。ガラケーやスマホではアドレスと名前は一緒に登録するので、発信者がわかりますが、パソコンでメールを受け取るときはそうとは限りません。可能であれば、アドレスと一緒に名前を登録しておくのが良いでしょう。

次に、送り先のアドレスです。デメリットのところにも書いたように、1字でも間違うとメールは届きません。特に、アルファベットの「o」（オー）と数字の「0」（ゼロ）、アルファベットの「l」（エル）と数字の「1」（いち）、-（ハイフン）と _（アンダーバー）などは間違いやすいので気を付けてください。

宛先となる人以外にも目を通して欲しい人がいる場合、そのアドレスをCCに入れます。宛先とCCの受信者に送信したことを知られたくない別の受信者がいるときは、そのアドレスをBCCに入れます。必要に応じて活用してください。

## † 10.4 件名の書きかた

携帯電話のメールでは件名を省略することもありますが、パソコンから送るメールでは省略せず、内容がわかるように具体的な件名を書きます。件名が省略されていると、システムによっては迷惑メールと判断され相手に届かないこともあります。また、件名も、「質問です」や「こんにちは」だけでは、メールを開くまでどのような内容なのかわかりません。「〇〇について質問させてください」や「〇〇の会でお会いした△△です」のよ

うに、少し長くても内容がわかる件名にしてください。

## † 10.5 本文の内容

メールの本文は、通常、次の情報から書き始め、その後に詳細な情報を説明します。

- ・受信者の名前
- ・自分の名前と所属、受信者との関係
- ・挨拶
- ・メールを送る目的

まず、受信者の名前を書き、誰に宛てたメールであるかをはっきりと示します。相手に呼びかけることは一つのマナーですし、相手の名前を書いておくと、万一、間違って他の人に送ってしまった場合も対処しやすくなります。受信者が大学教員の場合、「○○先生」が妥当でしょう。「教授」は役職名であり、その役職についていない人をそう呼んでしまうと却って失礼に当たることもあります。教員以外の人であれば「○○様」とするのが普通です。「*○○先生様」のように、「先生」と「様」を重ねて使うことはありません。親しい間柄ならば「○○さん」でもかまいません。

学生が教員にメールを送るときは、受信者の名前の次に、学部学科・学年・学生番号・受けている授業を書きます。その教員が複数の大学で教えているような場合は、大学名も入れてください。学外の人に送るときは、大学名だけで良いことも多いでしょう。必要に応じて学部学科名やサークル名などをつけ加えてください。

挨拶は簡単なものでかまいません。手紙文のような、頭語、結語、季節の挨拶などは必要ありませんし、夜中に送信しても、「夜分失礼します」のひと言は不要です。

その次に、メールの目的を述べます。「〜についてお知らせします」「〜

について質問があります」「〜を提出します」のように、そのメールの目的と相手にどうしてほしいかを書いてください。細かい点を説明するのは、その後です。

その後に、詳細な説明を続けるわけですが、日時・場所・人・機関・本など、特定できるものはできる限り具体的に書いてください。9章で説明したように、相手の持っている情報や知識を考慮し、文や段落は適度な長さで切りながら、用件を的確に伝えます。説明が長くなるときは、「以下、長文です」と、最初にその旨も述べておくのが良いでしょう。添付ファイルがある場合は、その内容についても触れてください。メールの最後は、「よろしくお願いいたします」などで締めくくるのが一般的です。

## † 10.6 本文の文体と形式、添付ファイル

当たり前のことですが、目上の人にメールを書くときは、敬語を使ってください。敬語に自信がない人は、姉妹編の『基礎からわかる話す技術』や次章でも説明していますので、読んで勉強しておきましょう。

レイアウトとしては、1行の文字数を、最大35文字程度に抑えるのが妥当です。行数が多くなる場合は、段落に分けてください。ただし、メールでは、段落の最初を1字分空けることはしません。その代わり、段落の切れ目には次ページの（2）良い例のように、空行を入れます。

また、教員や学外の人に送るメールでは、絵文字や顔文字などの装飾は入れないようにしましょう。

添付ファイルを送るときには以下の点に気を付けてください。

・ファイルサイズが大きくなりすぎないように（2MB程度まで）
・ファイルを添付していることと、その内容について本文でも触れる
・添付をし忘れないように

## † 10.7 メールの例

次の（1）は悪いメールの例、（2）は良い例です。（1）のようなメールを受け取った受信者は、おそらく返信する気にならないでしょう。それに比べて、（2）のメールは、必要な情報が適切な言葉使いで書かれていて、すぐにでも返信しようという気を起こさせます。

（1） 悪い例

> 件名：（無題）
> 差出人：syutan-lovelove@9640.jp
> 本文：
> 山田ナントカの本、教えてもらえますか？
> 授業のレジュメなくしちゃってわかりません（泣;;　すいません（>_<。）

（2） 良い例

> 件名：「交流論」で紹介された山田幸助の文献について
> 差出人：森口 年男 <moruguchi.toshio@9640.jp>
> 本文：
> 中山先生、こんにちは。
> 先生の「交流論」を受講している田辺大学現代文化学部２年生の森口年男（学籍番号335588）です。
>
> 11月17日（木）の現代交流論の講義で山田幸助の文献をご紹介いただきましたが、レジュメの文献リストには

> 記載されていないようです。CiNii等のデータベースで検索してみましたが、見つけられません。
>
> もし可能でしたら、論文名や掲載誌等をお教えいただけないでしょうか。よろしくお願いいたします。

## † 10.8 送信前の再チェック

メールを書いた後は、すぐに送るのではなく、しばらく時間を置いて以下の点をもう一度見直してから送るのが理想的です。

- ・返信を受け取ることのできるアドレスから送信しているか
- ・宛先のアドレスに間違いはないか
- ・件名は具体的か
- ・自分の名前や所属を書いているか
- ・目的を最初に書いているか
- ・文章はわかりやすいか
- ・失礼な言葉使いになっていないか
- ・誤字脱字、変換ミス、文法的間違いなどがないか
- ・見やすいレイアウトになっているか
- ・添付ファイルを添付し忘れていないか

## † 10.9 LINEを使い慣れた人が陥る弊害

LINEは、気軽にメッセージのやり取りができる便利なコミュニケーションツールですが、それに慣れすぎてしまうと、メールでのやり取りに、つぎのような影響が出てくるようです。

・件名がない
・相手の名前や自分の名前がない
・それまでの経緯がない
・1文ごとに改行されている
・短時間に何度もメールを送る

　件名がなく、発信者や受信者の名前も書かず、それまでの経緯も述べず、いきなり用件から始まっているメールを送る人がいます。LINEならば、発信者も受信者もそれまでの経緯も画面に表示されていますが、メールは一つ一つのメッセージが独立しているため、それらの情報を書く必要があります。たとえば、仮に教員から「学生番号を教えてください」というメッセージがあったとしましょう。それに対して、「NJ196001です」と答えるだけだと、受け取った教員は誰からの回答なのか、わかりません。この場合なら、少なくとも自分の名前と受けている授業名は必要でしょう。

　LINEでは、1文ずつが吹き出しに表示されるためか、メールでも1文ごとに改行する人もいます。これだと、どこからどこまでが一つの話題なのかわかりません。メールを書くときは、話題ごとにまとまりのある段落を作ってください。

　件名の書きかたについては、10.4「件名の書きかた」を、メールでの段落の作り方は、10.6「本文の文体と形式、添付ファイル」で説明しましたので読んでください。

　また、メールの返信を待ちきれず、短時間に何度もメールを送る人もいます。通常、メールには既読を知らせる機能がないため、送信者は自分のメッセージを読んでくれたかどうかが気になるのでしょう。しかし、パソコンはスマホと違って持ち歩いているとは限りません。大学教員ならば、自宅や研究室に置いたパソコンでメールをチェックする人もいます。その場合は、数時間、時によっては、1日か2日ぐらいパソコンを開かないときさえあります。その人が1時間ごとに送られてきた同じ内容のメールを見れば、急かされているような気持ちになります。状況にもよりますが、

少なくとも1日は返信を待ったほうが良いでしょう。

　LINEの使用自体は問題ありませんが、重要なのは、LINEとメールの違いを理解し、目的に応じて使い分けることです。教員との連絡や、就活における企業との連絡はメールが主流だと覚えておいてください。

## † 10.10　双方向コミュニケーションとしてのメール

　誰かから来たメールに対する返信は、遅くとも72時間以内を目安に送ってください。すぐに返信できる内容であれば、できる限り早いほうが良いでしょう。その場合、当然ですが、相手の質問や要望に応えているかどうか確認してください。

　相手の文章を引用するときは、必要な部分だけを引用するようにします。引用文の行頭には「>」を付けて引用であることを明示します。

　相手の立場や置かれている状況に配慮してメールを書くことは、文章によるコミュニケーションを学ぶ絶好の機会でもあります。適切なメールの書きかたを身に付ければ、その姿勢は電話や対面でのやりとりでも生かすことができるでしょう。

## † 10.11　この章の参考文献

コミュニケーションアプリ LINE（ライン）（2019年4月29日）https://line.me/ja/

佐藤佳弘『脱！SNSのトラブル　LINE フェイスブック ツイッター　やって良いこと悪いこと』武蔵野大学出版会、2017

樋口裕一『人の心を動かす文章術』草思社、2004

藤田英時『メール文章力の基本』日本実業出版社、2010

# 11. 就活のための文書

## † 11.1 就活のための心の準備

　大学に入ったばかりで、就職活動の話をするのは早すぎると思うかもしれません。もちろん、今すぐに就職活動のための立派な文書が書けるようになるのは難しいでしょうし、その必要はありません。しかし、将来の準備として、今から意識しておいても早すぎるということはないでしょう。この章では、就職活動の手始めに書く履歴書とエントリーシートの話をした後、クッション言葉と敬語について説明します。

## † 11.2 就活のための文書

　現在の企業は、さまざまな可能性を持った学生と出会うために、間口を広げて採用活動を行っています。大手企業には数万人の学生が接触を図ってきますが、Web上での就職活動が対応を可能にしました。そして、採用担当者が学生を選ぶための最初の手段が、学生とのメールのやり取りと、履歴書やエントリーシートです。

　これらの文書は、企業にとっては応募者を知るための手段であり、学生にとっては、自分の「長所」や「大学生活においてがんばったこと」を企業に伝える手段となります。企業によって、履歴書とエントリーシートの両方の提出を求める場合と、そうでない場合がありますが、9章で説明し

たように、相手が何を知りたいかを考えて、就活のための文書を書いてください。

## † 11.3 履歴書で何を見るか

　履歴書は基本的に大学指定のものに、黒のボールペンを使って手書きで記入します。企業は、提出された履歴書の氏名、写真、押印を見ます。履歴書を一瞥して、見た目の感じで応募者の印象を判断しようとしているのです。

　まず、氏名がきれいな楷書でバランスよく書けているかを見ます。写真で応募者の顔を見ることは言うまでもありませんが、画像の質と貼り方もチェックされています。履歴書用の写真は、スーツを着用し、正面上半身をあらかじめ写真店で撮影して、準備しておきます。写真を枠内に丁寧に貼ることで、几帳面さを伝えられます。印鑑も、枠内にまっすぐに押印するように気を付けてください。

　たとえば、次のような履歴書を受け取った企業の担当者は、その本人と会ってみたいと思うでしょうか。

- ・字が汚かったり小さかったりして、判読しにくい
- ・スピード写真で急いで撮影した写真を貼り付けている
- ・押印の向きが極端に傾いていたり、朱肉で汚れていたりする
- ・書き間違えたところを修正テープや修正液を使って直している

　仮に企業の担当者が会ってくれたとしても、履歴書から感じ取ったマイナスのイメージを確認するような面談になるでしょう。作成するほうは、記載する学歴や資格が気になるところでしょうが、見るほうは、読み手のことを考えて丁寧に文書を作っているかどうかを重要視しているのです。

## †11.4 エントリーシートとは何か

　エントリーシートとは、学生が企業に対し、就職先として興味を持っているという意思表示として、自分の氏名と連絡先、プロフィールや自己PRなどを記載して提出する書類です。企業はこれを第一次書類審査に使います。言わば書類上の面接です。学生はたとえ筆記試験や面接試験に自信があっても、エントリーシートが通過しなければ、筆記試験や面接を受けることができません。エントリーシートの例を章末に載せていますので、参考にしてください。

　エントリーシートは、企業のホームページや就職情報サイトからダウンロードしたり、メールや郵送で送られてきたり、また、会社説明会に行ってその場で書くこともあります。企業によってさまざまなので、就活の際には注意しましょう。

　エントリーシートに限らず就職活動の書類は、見た目に読みやすいか、適切な内容を指示された形式で書いているか、提出締切を守っているかなど、すべてが採用の判断材料になります。文章の内容だけでなく、全体に気を配って文書を完成させてください。

## †11.5 エントリーシートには何を書くのか

　前述したように、エントリーシートは企業が応募者を知るための手段となるわけですから、そこに書くべき内容は、人物像を表す過去と現在と未来です。「過去」とは、「大学生活において頑張ったこと」であり、その結果、どういった「長所」をもっているかが「現在」であり、その自分の長所を活かした「志望理由」が「未来」です。この3つは、三大アピールと呼ばれ、自己PRにおける基本です。

　エントリーシートの設問は企業によってさまざまです。設問のしかたを変化させることで、学生が用意した文章を安易に複数の企業に提出するこ

とを抑制し、応募者の個性や特性が見極めにくくなるのを防ごうとしていると思われます。設問が変わっても、確かめたいことはこの3つのアピールに集約されると考えてよいでしょう。

この3つによって、企業は、その学生がどのような人間であるかを見極めようとします。まず、その学生を雇い入れたとして仕事ができるかどうか。そして、会社組織の中で一緒に仕事をしていきたいと思えるかどうか。この2つが企業の知りたいことです。頭が良く仕事はできそうだけれど、チームとしての和を乱しそうな人間は雇いたくありませんし、逆に、仲間のことを思いやってくれそうだけれど仕事ができそうになければ、やはり、雇わないでしょう。それを見るための最初の手段がエントリーシートです。

## †11.6 三大アピールの書きかたのポイント

各企業のエントリーシートを見ると、三大アピールを書くスペースはそれほど広くありません。1行に50字程度書くとして、多くとも10行まででしょう。次のような配分で三段構成にして、記入スペースの80％以上を埋めるようにします。

（1） 最初に結論を述べる：全体の15％〜20％
（2） 結論の根拠となるエピソードを述べる：全体の60％〜70％程度
（3） 仕事でどのように活かせるかを述べる：全体の15％〜20％

エピソードというと勘違いする人がいるのですが、採用担当者は話の面白さや特異性を求めているわけではありません。普通の生活の中で、応募者である学生がどのようにして現在の個性を身に付けてきたか、そしてそれを文章でどのように表現できるかを知りたいのです。そのためには、9章で説明したように、全体像の提示、語句や具体性、文の長さなどに注意してPRを書いてください。

では、次節から三大アピールの書きかたについて、悪例とその問題点を挙げながら説明していきましょう。それぞれのアピールを修正した例文は、付録の冊子「授業の進め方と解答例」に載せていますので、参考にしてください。

## †11.7 「大学生活においてがんばったこと」の例と問題点

　4年間の大学生活で私が力を入れたことは、自炊で、自宅にいたときは、それまでは親がやってくれましたが、今は自分でやってます。なので、社会に出てもちゃんとやっていく自信はあります。

4年間自炊をしたというだけでは、あまりにも当たり前のことであり、アピールにはなりません。また、「やっていく自信」とありますが、自炊をする自信というだけの意味ならば、これもアピールにはなりません。目的語が別にあるのであれば、それを書いてください。さらに、「ちゃんと」「やってます」や、文頭の「なので」は話し言葉です。「しっかりと」「やっています」「そのため」などの書き言葉を使いましょう。

## †11.8 「長所」の例と問題点

　私の長所は、グループの他の人とうまくやっていける所です。大学に入ってからずっと続けているアルバイトでは、店長ともうまくやっていけるし、年上の人や年下の人とも話を合わせる事ができるし、みんなの意見をまとめています。イベントの仕事も任されているので、責任をもって自分の仕事をこなしています。

2度使っている「うまくやっていける」とは、どういうことでしょうか。他の人たちが気難しい性格の人ならばこの表現も当てはまりますが、エントリーシートでは適切ではありません。「話を合わせる」という表現

は、表面的な人間関係だけを重視するような価値観の持ち主に感じられます。「責任をもって自分の仕事をこなす」ことは、お金をもらう立場であれば、アルバイトでも当然のことです。「うまくやっていける所」の「所」や「話を合わせる事」の「事」は形式名詞なので、ひらがな表記が良いでしょう。

## † 11.9 「志望理由」の例と問題点

> 私は貴社が運営するスィーツカフェの大ファンで、学生時代はしょっちゅう通っていました。特に「フルーツいっぱいタルト」が大すきで、季節ごとに全種類制覇しました。また、カフェの雰囲気も気に入っています。それで、貴社の接客・サービスの部門で働いて、持ち前の「笑顔」を武器にして、お客さまにも笑顔になっていただけるようにがんばりたいです。あと、新商品の開発などにもアイデアを出していって、ここでもお客さまに喜んでいただきたいです。

スイーツカフェの客としての目線で書いていて、幼い印象を与えます。店側の視点で商品の良さを語るべきです。「新商品の開発などにもアイデアを出していって、お客さまに喜んでいただきたい」という点については、接客・サービス部門を希望しているのか、商品開発部門を希望しているのか曖昧にしています。「しょっちゅう」は話し言葉なので、「頻繁に」とするほうが良いでしょう。

## † 11.10 クッション言葉

当然のことながら、就活では丁寧な言葉使いをしなければなりません。そのためには、敬語とクッション言葉を覚える必要があります。ここでは、まず、クッション言葉について説明しましょう。

クッション言葉とは、主に「お願いする」「尋ねる」「確かめる」「お断りする」ときに柔らかな表現にするために付ける言葉です。「すみません」も、クッション言葉の1つですが、日常的に使われていて少し軽い感じがするので、就活では使わないほうが良いでしょう。お詫びをするなら「申し訳ございません」、感謝の意を伝えるなら「ありがとうございます」、声をかけるときは「失礼いたします」や「恐れ入りますが」を使ってください。

　下の表は「クッション言葉＋疑問文」の代表的なパターンです。たとえば、「お差し支えなければ、説明会に参加させていただけますでしょうか」のように使います。就活のメールや面接などの場面で使えるように、目上の人と接するときには日頃から心がけてください。

| 前に置く表現 | 後に置く表現 |
| --- | --- |
| 恐れ入りますが | ……願えますでしょうか |
| 申し訳ございませんが | ……できますでしょうか |
| お差し支えなければ | ……よろしいでしょうか |
| お手数をおかけしますが | ……いただけますでしょうか |
| 失礼ですが | ……くださいますでしょうか |
| よろしければ | ……いかがでしょうか |
| 誠に申し訳ございませんが | |

## † 11.11 敬語の種類

　敬語には大きく分けて以下の3種類があります。この区別をきっちりと理解しておいてください。

- 尊敬語……目上の人やその人に関連する物事や人などを主語とし、直接的に敬意を表す
- 謙譲語……自分自身や自分に関連する物事や人などを主語とし、それらを下に置くことで間接的に敬意を表す
- 丁寧語……話し方（書き方）を丁寧にすることで、聞き手（読み手）に対する敬意を表す

尊敬語には、通常、「れる・られる」を動詞に付けて作る方法と、「お（ご）〜 なる（なさる）」の「〜」に動詞を入れる方法の2つがあります。また、一部の動詞は、動詞そのものを言い換える方法もあります。謙譲表現も、「お（ご）〜 する」の「〜」に動詞を入れて作る方法と、謙譲の意味を持つ動詞に言い換える方法があります。丁寧語は、「〜です」「〜ます」をつければ良いだけなので説明は不要でしょう。それぞれ適切に使えるようにしておいてください。以下に15の動詞の敬語表を示しておきます。

敬語の知識に関しては、姉妹編の『基礎からわかる話す技術』の「敬意の表現」で詳しく説明していますので、参照してください。

| 基本の動詞 | 尊敬語 | 謙譲語 |
| --- | --- | --- |
| 行く | 行かれる、いらっしゃる | 伺う、参る |
| 来る | 来られる、いらっしゃる | 伺う、参る |
| いる | いらっしゃる | おる |
| する | される、なさる | いたす |
| 言う | 言われる、おっしゃる | 申す |
| 話す | 話される、お話しになる | お話しする |
| 読む | 読まれる、お読みになる | 拝読する |
| 見る | 見られる、ご覧になる | 拝見する |
| 見せる | 見せられる、お見せになる | お見せする |
| 聞く | 聞かれる、お聞きになる | お聞きする、伺う、拝聴する |
| 書く | 書かれる、お書きになる | お書きする |
| 食べる | 食べられる、召し上がる | いただく |
| 与える | 与えられる、くださる、賜る | あげる、差し上げる |
| 受け取る | 受け取られる、お受け取りになる | いただく |
| 知っている | 知られる、ご存知である | 存じ上げる、存じ上げている |
| 会う | 会われる、お会いになる | お目にかかる |

※「いる」の尊敬語「いられる」はあまり使わないため、割愛しています。

## 11.12 就活におけるメール

10章では、メール全般について述べましたが、ここでは、就活における

メールについて触れます。就活では、次のような機会に企業や担当者の方にメールを送ります。資料送付のお願いメールの例を次に示しておきます。

- ・会社案内などの資料請求
- ・説明会の予約
- ・企業への質問
- ・お礼（資料が届いた際、面接後　など）
- ・自分ひとりに送られたメールに対する返信

```
差出人：森口 年男 <moruguchi.toshio@9640.jp>
件名：資料送付のお願い
```
○○○○株式会社
人事部　採用ご担当者様

はじめまして。
田辺大学現代文化学部○○学科に在籍しております、
森口年男と申します。

現在、私は３年生で、就職活動をしており、貴社のホームページを拝見して、
事業内容にたいへん興味を持ちました。さらに貴社の詳細について
勉強させていただきたいと思っております。
つきましては、お手数をおかけいたしますが、会社案内などの
資料を下記住所までお送りくださいますでしょうか。
お忙しいところ恐れ入りますが、どうぞよろしくお願い申し上げます。

住所：〒□□□-□□□□　○○県△△市○○○丁目□番□号
氏名：森口 年男
携帯：□□□-□□□□-□□□□
E-mail：moruguchi.toshio@9640.jp

--------------------------------------------------------
田辺大学　現代文化学部○○学科（３年）
森口　年男
--------------------------------------------------------

## †11.13 就活の小論文

　企業の中には、選考過程の中で、応募者に小論文を書かせるところもあります。「金融の自由化について」（日商岩井）、「新しい飲料文化」（キリンビバレッジ）、「原発稼働の是非」（河北新報社）など、テーマを示されて、決められた字数内に収めなければなりません。自宅でではなく、試験会場で数十分の間に書かなければならないことも多いようです。

　この小論文試験の対策としては、2章で説明したように、読書の量を増やし、普段から思考訓練をし、実際に文章を書く練習をすることです。授業で課されるレポートも、単位を取る目的だけではなく、自分の文章技術を向上させるための手段と考えて、まじめに取り組んでください

## †11.14 今後の学習とこの章の参考文献

　履歴書、エントリーシート、メールなどは、それぞれの書きかただけで1冊の本ができるほど、奥の深いものですが、今は、その概略を理解するだけで良いでしょう。ただ、将来、実際に書かなければならないときには、大学のキャリアセンターや指導の先生に相談するとともに、以下に挙げるような文献などを参考に、詳しく勉強してください。

『受かる小論文・作文模範文例』新星出版社、2014
黒田圭編『日本語てにをはルール』すばる舎、2007
長浜バイオ大学、就職・キャリア担当『キャリアガイドブック2020』
　　2018
西田直敏・西田良子『新版　日本語の使い方』創元社、2008
樋口裕一『人の心を動かす文章術』草思社、2004
水原道子編著、上田知美ほか『ビジネスとオフィスワーク』樹村房、2012
水原道子編著、上田知美ほか『キャリアデザイン』樹村房、2016

# エントリーシートの例

(表面)

| フリガナ | | 生年月日 | | 性別 |
|---|---|---|---|---|
| 氏名 | | 年　　月　　日（満　　歳） | | |
| フリガナ | | | | |
| 現住所 | 〒 | | | |
| 連絡先 | 携帯 | | 自宅 | |
| E-mail | | | | |
| 帰省先住所 | | | | |

| 年 | 月 | 学歴（学部・学科名を必ず記入してください） |
|---|---|---|
|  |  |  |
|  |  |  |
|  |  |  |

※高等学校卒業からご記入ください。また院生の方は大学卒業からご記入ください。

| 資格・免許（取得年月をご記入ください） ||
|---|---|
| 年　　月 | 年　　月 |
| 年　　月 | 年　　月 |
| 年　　月 | 年　　月 |

（裏面）

| 勤務地について | あなたが最も輝いていると思う写真を添付してください |
|---|---|
| ・転勤可　　　・転勤不可 | |
| 趣味や特技などについて教えてください | |
| | |

| 当社を希望する理由を記述してください | |
|---|---|

| 大学時代に最も力を入れたことと、それを通じて得たものについて書いてください | |
|---|---|

| 大学での研究課題、または、興味のある分野について説明してください | |
|---|---|

| あなたの長所を具体的にアピールしてください | |
|---|---|

〇〇〇〇株式会社

# 12. 論文とレポート

## †12.1 大学生活における文書作成

　大学生活の中では、試験代わりのレポートや、プレゼンテーション用の配付資料など、さまざまな文書を作成します。また、卒業要件として、最終的に卒業論文を書かなければならない大学もあります。この章では、まず、論文とはどういうものかについて説明し、レポートについても触れた後、その準備と書きかたについて解説します。

## †12.2 小論文、論文、レポート

　論文と聞くと、高校や大学に入るときに書いた小論文や、就活で書く小論文のことかと思う人もあるかもしれません。しかし、「小論文」と「論文」とは似て非なるものだと考えたほうが良いでしょう。

　入試で小論文を書いたときのことを思い出してください。与えられた特定のテーマについて自分の考えを述べたり、ある程度の長さの文章を読んだ後に賛成／反対の意見を書いたりしたのではないでしょうか。答えるための時間や字数にも制限があったはずです。

　論文はそれとは異なります。『三省堂国語辞典第七版』では、論文を「研究の結果をまとめた文章」と定義しています。同じく、「研究」とは「よく調べて事実や道理を深く知ること」とあります。つまり、論文を書

くためには、十分な時間をかけて調べ、事実や道理を深く知ろうとするわけですから、分量的にもかなり長いものになるはずです。また、何について書くのか、何をどのように調べるのかについては、論文を書く人に任されています。論文は、小論文に比べて、テーマも字数も時間も、もっと自由なものと言えます。ただし、その自由がある代わりに、論文ではしっかりとした調査と構成が求められることになります。

　さらに、内容だけではなく形式も異なります。小論文では、文章を手書きするだけだったと思いますが、論文の場合は、調べたことを図や表にしたほうがわかりやすくなるならば、それを入れていくべきですし、作成するためには手書きではなくパソコンを使います。

　大学生活で書くレポートは、小論文よりも論文に近い存在です。「研究」とまでは行かなくても、時間をかけて文献を調べたり、実験やフィールドワークをしたりした結果と考察を書いていくことになります。最終的に論文を書けるようになるための練習がレポートだと考えても良いでしょう。

　論文やレポートは、テーマが自由なため何を書けば良いのか戸惑ってしまうこともあるようです。次節では、まず、書くべきアイデアの出しかたから紹介しましょう。

## †12.3 アイデアの出しかた

　2章で読書の重要性と思考訓練の話をしましたが、ここで紹介する方法は、それらの基礎の上に成り立っていると思ってください。孔子の『論語』に「思いて学ばざれば、即ち危うし」という言葉があります。つまり、充分な読書量とそれに基づいた知識がなければ、アイデアを出しても説得力のない論理になってしまいがちなのです。

　さて、レポートや論文では、テーマは自由とは言っても、取っている授業や専門分野などによって、ある程度の範囲はあるはずです。その中で自分の興味のあるものから出発して、できる限り自由な連想をしてみてください。たとえば、次の図は「桜」という言葉から思いつくものを自由に連

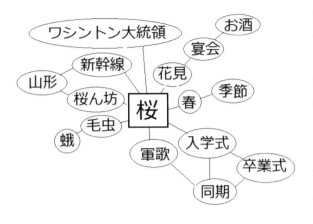

想し、その連想を伸ばしていったものです。「花見」「ワシントン大統領」「桜ん坊」などいろいろな連想をしていますが、桜を中心にして同心円状に拡がるのではなく、ある方向に偏って広がっていきます。その方向が自分のアイデアの方向だと考えてよいでしょう。

## † 12.4 文献調査

　書こうとする内容がある程度固まってきたら、次はそれについての書籍や論文を読む必要があります。論文は各分野の学会や研究機関が発行している学術雑誌に掲載されていて、数ページの短いものから 30 ページを超えるような長いものまであります。

　そういった参考文献は、国立国会図書館サーチ（http://iss.ndl.go.jp/）、CiNii「日本の論文を探す」（http://ci.nii.ac.jp/）、Google Scholar（https://scholar.google.co.jp/）などで探してください。また、各分野に特化した文献データベースもあります。

　仮に、「バーチャルリアリティ」についてのレポートを書こうと思ったとします。その場合も、バーチャルリアリティ技術やバーチャルリアリティビジネスではなく、心理学的側面に興味があるとすれば、上記のサイトに行って「バーチャルリアリティ」と「心理学」と入力して検索します。たとえば、国立国会図書館サーチであれば、「本」というタブを選んで、その 2 つのキーワードを入れると、『ヒトらしさとは何か：ヴァー

チャルリアリティ時代の心理学』や『だまされる脳：バーチャルリアリティと知覚心理学入門』など、16件がヒットします（2019年4月29日）。つまり、バーチャルリアリティと心理学に関連する書籍が16冊あるということです。同じように「記事・論文」のタブを選ぶと、189件がヒットします（同上）。この中から自分の興味やレベルにあった文献を選んで読めば良いわけです。

　ネット上で見つけた文献が読みたくても自分の大学の図書館にないこともあるかもしれません。そんなときも、通常は、他の図書館から書籍を取り寄せたり、論文のコピーだけを送ってもらったりすることもできるので、諦めずに図書館の窓口で相談してみましょう。また、最近の論文はPDF形式になってネット上にアップされていることもあり、その場合は、ダウンロードして読むことができます。

　レポートを書く際、ウィキペディアなどネット上の検索結果だけを調べて書こうとする人もいますが、卒業論文の練習と考えて、必ず、書籍や論文も調べるようにしてください。教員によっては、ネットに上がっている、匿名の執筆者による情報を参考文献にすることを禁止する人もいます。

## †12.5　リサーチ・クエスチョン

　論文を書くときにまず重要になるのは、その論文がどういった疑問を解決しようとしているかという点で、この疑問のことをリサーチ・クエスチョンと呼びます。逆に、論文とは「何かの疑問に対し自分なりに調べた結果を答える文書」とも言えます。リサーチ・クエスチョンは、「邪馬台国はどこにあったのか」「iPS細胞はガン治療にどのように使えるか」「日本人にとって効果的な英語学習法は何か」のように、疑問文として表現できるものです。

　自分が書こうとするテーマが決まって、さまざまな文献を読んでいると、疑問が湧いてきて、それをリサーチ・クエスチョンにすることもあります。先にリサーチ・クエスチョンが決まっていて、それに沿って文献を

探していくこともあります。また、最初に決めたリサーチ・クエスチョンが、調査を進めていくうちに変化してくる場合もあります。いずれの場合でも、肝心なのは、最終的に論文全体がきっちりとその疑問に答える流れになっていることです。

## † 12.6 論文の構成

このリサーチ・クエスチョンに答えるために、論文は、通常「序論」「本論」「結論」「参考文献」で構成され、「本論」には、「先行研究」「方法論」「結果」「考察」が含まれます。これらの用語はあまり聞き慣れていないかもしれないので、一つずつ説明していきましょう。説明の順序が前後するので、混乱しないように注意して読んでください。

「序論」は、「はじめに」「緒言」「イントロダクション」などと言うこともありますが、内容は同じです。「序論」では、その論文が答えを出そうとしている疑問、つまり、リサーチ・クエスチョンを述べます。また、その疑問を持つに至った背景についても触れておきます。

| 序論 | |
|---|---|
| 本論 | 先行研究 |
| | 方法論 |
| | 結果 |
| | 考察 |
| 結論 | |
| 参考文献 | |

この疑問に対し、自分なりの解答を述べるのが、「結論」です。結論を述べる部分では、リサーチ・クエスチョンをもう一度明示し、それに対する解答を述べ、さらに、その解答に至った経緯を簡潔に要約します。この「結論」に至る経緯を詳細に説明するのが「本論」で、論文全体の主要な部分を占めます。自分がどんな文献を調べたか、どうやってどんなデータを取ったか、それについてどう考えたか。結論に至るまでの道筋を論理的に組み立てていくのが本論です。上述のように、本論は、主に「先行研究」「方法論」「結果」「考察」から成り立ちます。以下、一つずつ、見ていきましょう。

本論の最初にある「先行研究」では、自分が書こうとしている内容と関連する書籍や論文を紹介します。その中には、自分が賛成できる内容もあ

れば疑問に思う内容もあるでしょうし、テーマ全体の背景に言及している文献もあるかもしれません。自分が書くときには、必要に応じて、それらの文献を要約したり、関連部分だけを引用したりして紹介します。ただし、調査した文献をすべて書く必要はありません。せっかく調べたのだから、できる限りたくさん書きたくなるかもしれませんが、リサーチ・クエスチョンに関係のない文献を紹介すると横道に逸れてしまうので、言及すべきではありません。文献を紹介するときは、次のように著者名と出版年で明示します。

（2） 森口（2011）によると、和英辞典は3段階の発展段階を経てきたことがわかる。

「先行研究」の次の「方法論」では、データを採取した方法を紹介します。実験、観察、フィールドワーク、インタビュー、アンケート、データベースなど、その方法は、分野によってもリサーチ・クエスチョンによってもさまざまです。

「結果」のところでは、方法論によって実施した調査の結果を述べます。実験結果、観察結果、アンケート結果、データベースの検索結果など、ここでは、それらの結果をありのまま述べ、自分の考えは挟みません。結果は数字で出てくることも多いでしょうし、その結果を見やすくするためには図表が重要な役目を果たします。仮に、自分が予想していたのとは異なるデータが出てきた場合も、記述する必要があります。自分にとって都合の良いデータだけを書いたり、また、都合の悪いデータを書き換えたりすることは許されません。

結果のところで紹介したデータを解釈し、結論につなげるのが、「考察」です。「先行研究」で述べた先人の研究と、自分が集めたデータに基づいて、自説を展開していくところですから、「考察」を書くのが最もハードであり、かつ、エキサイティングであるとも言えます。説得力のある考察をするためにも、2章で述べたように、ふだんから思考訓練をしておく必

要があります。この「考察」でたどり着いた結論が、文字どおり、論文全体の「結論」となるわけです。

　結論の後の「参考文献」には、「先行研究」で紹介した文献だけでなく、文字通り、自分がその論文を書くときに参考にした本や論文を記載します。書籍の場合は次の（3）のように「著者（出版年）『書名』出版社」を、雑誌の場合は（4）のように「著者（出版年）「論文タイトル」『掲載誌』巻号：掲載ページ」を書いてください。

（3）　森口稔（2013）『テクニカルコミュニケーションへの招待』三省堂
（4）　森口稔（2011）「和英辞典の3つの時代」『英語教育』60巻10号：
　　　35-37

　これらの情報は書誌情報と呼ばれ、論文の中で参考文献について触れる場合には必ず必要です。また、分野や学術雑誌によって多少異なりますが、論文のタイトルは「　」に、書名や雑誌名は『　』に入れるのが普通です。自分で勝手に変更せず、求められた形式の通りに書くようにしてください。

　この「序論→先行研究→方法論→結果→考察→結論→参考文献」という流れは絶対的なものではありません。テーマや分野によって異なることもあるでしょうし、順番が入れ替わったり、統合されたりすることもあるかもしれません。いずれにしろ、論文は、主観的な印象で書くのではなく、先行研究を紹介し客観的な実験結果や観察結果に基づいて論を進める必要があるということを覚えておいてください。

## †12.7　今後の学習とこの章の参考文献

　論文やレポートは、それぞれの書きかただけで1冊の本ができるほど、学ぶべきことがたくさんあるので、ここでは、その概略だけを紹介しました。将来、実際に書かなければならないときには、大学のライティングセ

ンターや指導教員に相談するとともに、以下に挙げるような文献などを参考に、詳しく勉強してください。

E.J. ヒュース『うまい医学論文の準備と作成（植村研一監訳）』医学書院、1994

Erika Lindemann. *A Rhetoric for Writing Teachers*. 2nd Ed. Oxford, 1982

板坂元『考える技術・書く技術』講談社現代新書、1973

小笠原喜康『大学生のためのレポート・論文術』講談社現代新書、2002

沖森卓也＆半沢幹一編『日本語表現法』三省堂、2007

樺島忠夫『文章構成法』中公新書、1980

木下是雄『理科系の作文技術』中公新書、1981

篠田義明『コミュニケーション技術』中公新書、1993

清水幾太郎『論文の書き方』岩波新書、1959

戸田山和久『新版・論文の教室：レポートから卒論まで』NHK出版、2012

野口悠紀雄『「超」文章法』中公新書、2002

野田尚史『なぜ伝わらない、その日本語』岩波書店、2005

藤沢晃治『「分かりやすい表現」の技術』ブルーバックス、1988

本多勝一『日本語の作文技術』朝日新聞社、1976

宮地裕・甲斐陸朗・野村雅昭・荻野綱男編『ハンドブック　論文・レポートの書き方：「日本語学」を学ぶ人のために』明治書院、1997

安本美典『説得の文章技術』講談社現代新書、1983

練習編

# 1. 本を読もう

　基礎編の第2章で説明したように、文章技術を身に付けるための基本は読書です。ここでは、読書練習の課題を2つ紹介します。

## † 1.1 新書書評

　第2章で紹介した新書をじっくりと読んで、それを人に紹介する練習です。そのときに重要なのは、新書に書かれている内容と、それに対する自分の意見を明確に区別して書くことです。これから先、いろいろなレポートを書くことになるはずですが、どの場合も、事実と意見とは区別しなければなりません。そのための準備だと考えてください。授業の課題として書評を書く場合は、全員が異なる新書を読むようにします。レポートとしての要領の例を以下に挙げておきます。

　　分量：　1000～1200字
　　　　　　要約と意見は必ず区別、その比率は自由
　　　　　　A4判にパソコンで書き、最後に、字数を入れる
　　文章：　内容が非常に専門的な場合、一般の人にもわかるように書く
　　手順：　（1）自分が読みたい新書を決めて教員に連絡
　　　　　　　　著者『書名』出版社（出版年）の形で知らせる

例）藤原正彦『国家の品格』新潮社（2005）
自分の名前と学生番号も忘れずに

（2）　各自が読む新書の割り当てが決定
（3）　下の図の書式にして印刷したレポート初稿を提出
（4）　レポート初稿に教員がコメントを付けて返却
（5）　コメントを参考にして修正
（6）　下の図の書式に印刷して、締切日までに最終稿を提出

---

藤原正彦『国家の品格』新潮社（2005）

987654　森口稔

要約
　〇〇〇〇〇〇〇〇〇〇〇〇〇〇〇〇〇〇〇〇〇〇〇〇〇〇〇〇〇〇
〇〇〇〇〇〇〇〇〇〇〇〇〇〇〇〇〇〇〇〇〇〇〇〇〇〇〇〇〇〇
〇〇〇〇〇〇〇〇〇〇〇〇〇〇〇〇〇〇〇〇〇〇〇〇〇〇〇〇〇〇
　〇〇〇〇〇〇〇〇〇〇〇〇〇〇〇〇〇〇〇〇〇〇〇〇〇〇〇〇〇
〇〇〇〇〇〇〇〇〇〇〇〇〇〇〇〇〇〇〇〇〇〇〇〇〇〇〇〇〇〇
〇〇〇〇〇〇〇〇〇〇
　・・・
　・・・

意見
　〇〇〇〇〇〇〇〇〇〇〇〇〇〇〇〇〇〇〇〇〇〇〇〇〇〇〇〇〇〇
〇〇〇〇〇〇〇〇〇〇〇〇〇〇〇〇〇〇〇〇〇〇〇〇〇〇〇〇〇〇
〇〇〇〇〇〇〇〇〇〇〇〇
　〇〇〇〇〇〇〇〇〇〇〇〇〇〇〇〇〇〇〇〇〇〇〇〇〇〇〇〇〇
〇〇〇〇〇〇〇〇〇〇〇〇〇〇〇〇〇〇〇〇〇〇〇〇〇〇〇〇〇〇
〇〇〇〇〇〇〇〇〇〇〇〇〇〇〇〇〇〇
　・・・
　・・・

（1080字）

## † 1.2 読貯大会

　読書ならぬ読貯(どくちょ)大会。多くの本を「読」んで、その内容や表現についての知識を自分の中に「貯」めていく練習です。まず、次のような表を作ってください。手書きでも、Wordで作っても、Excelのファイルでもかまいません。

| 著者 | 書名 | 読了日 | 備考 |
|---|---|---|---|
|  |  |  |  |
|  |  |  |  |
|  |  |  |  |
|  |  |  |  |

　本を1冊読んだら、これに書き入れていきます。備考は何に使ってもかまいません。出版社、出版年、ページ数などを追加しても良いでしょう。その本の内容についての簡単なコメントはあってもかまいませんが、面倒くさくなりそうならば書く必要はありません。感想を書くとしても、一言ぐらいで済ませるか、○△×程度で良いでしょう。

　それよりも、ポイントはこれが何行埋まっていくか、つまり、何冊読むことができるか、です。ただし、どんな本をカウントするかぐらいのルールは作っておきましょう。小説はOKですが、漫画やゲーム攻略本は入れないほうが良いでしょう。

　1人だと長続きしないようであれば、グループを作って競い合うのも良いかもしれません。1カ月か2カ月に1回程度、お互いの成果を見せ合ったり、面白い本の情報を交換したりするのも楽しく読書を続ける方法です。

# 2. 調べて覚えよう

## † 2.1 難読漢字

次の語の読みと意味を考えてください。わからない場合は辞書で調べましょう。

・一般

| | | | |
|---|---|---|---|
| （1）素人 | （2）相殺 | （3）行脚 | （4）緑青 |
| （5）凡例 | （6）蛇足 | （7）敷設 | （8）脆弱 |
| （9）進捗 | （10）更迭 | （11）成就 | （12）反故 |
| （13）賄賂 | （14）立脚 | （15）通暁 | （16）伏線 |
| （17）払拭 | （18）諮問 | （19）流布 | （20）転嫁 |
| （21）閉塞 | （22）歩合 | （23）案山子 | （24）疫病神 |

・性格・感情

| | | | |
|---|---|---|---|
| （1）懸念 | （2）流石 | （3）律儀 | （4）迂闊 |
| （5）杞憂 | （6）逆鱗 | （7）杜撰 | （8）軋轢 |
| （9）真摯 | （10）柔和 | （11）愕然 | （12）無垢 |
| （13）贔屓 | （14）嫉妬 | （15）鷹揚 | （16）鬱憤 |
| （17）爽快 | （18）葛藤 | （19）快哉 | （20）狼狽 |

・身体・姿勢
（1）踵　　　　（2）臍　　　　（3）胡坐　　　（4）欠伸
（5）眉間　　　（6）疾病　　　（7）鳩尾　　　（8）目蓋

・建築
（1）庇　　　　（2）母屋　　　（3）入母屋　　（4）校倉
（5）破風　　　（6）普請　　　（7）茅葺き　　（8）垂木

・生活用品・遊具
（1）藁　　　　（2）袴　　　　（3）凧　　　　（4）襖
（5）襟　　　　（6）袂　　　　（7）御簾　　　（8）暖簾
（9）障子　　　(10) 箪笥　　　(11) 団扇　　　(12) 杓文字

・食べ物
（1）蒲焼　　　（2）素麺　　　（3）鮓　　　　（4）蒲鉾
（5）饂飩　　　（6）羊羹　　　（7）心太　　　（8）蕨餅
（9）干瓢　　　(10) 蒟蒻　　　(11) 膾　　　　(12) 石蓴

・海産物
（1）鰯　　　　（2）鰤　　　　（3）鰹　　　　（4）鯵
（5）鰻　　　　（6）鱈　　　　（7）鱒　　　　（8）鮃
（9）蛸　　　　(10) 蛤　　　　(11) 蜆　　　　(12) 蝦
(13) 河豚　　　(14) 雲丹　　　(15) 海月　　　(16) 栄螺
(17) 烏賊　　　(18) 海鼠　　　(19) 若布　　　(20) 秋刀魚

・動物
（1）孔雀　　　（2）鶯　　　　（3）百足　　　（4）梟
（5）栗鼠　　　（6）海豹　　　（7）海豚　　　（8）蟷螂
（9）不如帰　　(10) 蜥蜴　　　(11) 啄木鳥　　(12) 麒麟

・植物
（1）菖蒲　　（2）蕗　　（3）胡瓜　　（4）向日葵
（5）無花果　（6）大蒜　（7）杜若　　（8）紫陽花
（9）牛蒡　　（10）山葵　（11）仙人掌　（12）蒲公英

・自然現象
（1）霞　　（2）霰　　（3）雹　　（4）靄
（5）凪　　（6）雪崩　（7）黄昏　（8）時雨
（9）時化　（10）東風　（11）東雲　（12）十六夜

・神道・仏教
（1）供養　（2）神楽　（3）数珠　　（4）阿吽
（5）菩薩　（6）舎利　（7）阿修羅　（8）涅槃
（9）輪廻　（10）神輿　（11）放生会　（12）注連縄

・地名
（1）洞爺湖　　（2）宗像　　（3）蓼科　　　（4）宍道湖
（5）我孫子　　（6）常滑　　（7）指宿　　　（8）諫早
（9）常陸　　　（10）遠江　　（11）長万部　　（12）枚方
（13）納沙布岬　（14）葛西　　（15）百済　　　（16）象潟
（17）八戸　　　（18）御徒町　（19）太秦　　　（20）大歩危・小歩危

・動詞・形容詞
（1）励む　　（2）漁る　　（3）苛む　　　（4）弄ぶ
（5）呆れる　（6）痺れる　（7）戯れる　　（8）廃れる
（9）尊い　　（10）鈍い　　（11）拙い　　　（12）儚い
（13）眩しい　（14）夥しい　（15）可笑しい　（16）凜々しい

## † 2.2 四字熟語

次の四字熟語の意味を考えてください。わからない場合は辞書で調べましょう。

（1）馬耳東風　　（2）一朝一夕　　（3）一攫千金　　（4）朝令暮改
（5）閑話休題　　（6）唯々諾々　　（7）公明正大　　（8）鶏口牛後
（9）枝葉末節　　（10）千載一遇　　（11）温故知新　　（12）艱難辛苦
（13）森羅万象　（14）竜頭蛇尾　（15）和洋折衷　（16）呉越同舟
（17）栄枯盛衰　（18）群雄割拠　（19）厚顔無恥　（20）三々五々
（21）事実無根　（22）大器晩成　（23）虎視眈々　（24）四面楚歌

## † 2.3 対義漢字

次の漢字は二つ以上の意味を持ち、それぞれの意味には対となる字があります。その漢字と対義であることを示す表現を挙げてください。

例）手：　足（手足）、自（手動・自動）
（1）文　　　（2）偶　　　（3）動　　　（4）正
（5）和　　　（6）本　　　（7）山　　　（8）長
（9）母　　　（10）音　　（11）実　　（12）水

## † 2.4 類義語の違い

次の二つの語は意味が似通っていますが、微妙な違いがあります。何が違うか説明してください。

（1）弾く：演奏する　　　　（2）わがままな：勝手な
（3）偽造：模造　　　　　　（4）浪人：浪士
（5）教員：教授　　　　　　（6）あたたかい：ぬるい
（7）救出：救助

（8）（質問されて答えるとき）知らない：わからない

## † 2.5 同音異義語

次の平仮名をできる限り多くの同音異義語に直してください。また、その語の意味を説明してください。最初は自分で考えて、その後、辞書で確認してください。

例）きかい： 機械、機会、貴会、奇怪、器械、棋界
（1）いし　　　（2）かいせん　（3）けいしょう（4）こうきゅう
（5）さいこう　（6）しんとう　（7）せいし　　（8）そうかん
（9）てんか　　（10）とうしょう（11）ほうそう　（12）ようし

## † 2.6 単語の定義

次の単語を定義してください。最初は自分で考えて、その後、辞書で確認してください。
（1）身体測定　（2）飛行機　（3）受験生　（4）ゲーム
（5）オタク　　（6）乱闘　　（7）大学　　（8）時間
（9）戦争　　　（10）卵　　　（11）島　　　（12）左

## † 2.7 この章の参考文献

日本漢字教育振興会『四字熟語辞典』日本漢字能力検定協会、1997
藁谷久三『遊んで強くなる漢字の本』祥伝社、1989

# 3. 文を書き直そう

## † 3.1 文の間違い探し

次の文は、漢字が間違っていたり、誤変換があったり、文法的に間違っていたり、不自然であったりするところがあります。正しく書き直してください。必要に応じて、別の単語を使ってもかまいません。また、1文を2文に分けたり、2文を1文に統合してもかまいません。

（1）　家に帰ると、雨が振りました。
（2）　入りましてもいいですか。
（3）　この水は飲めれるけど、あのパンは食べれない。
（4）　今、スイッチ、ご飯入れたばっかりだから、もうちょっと待って。
（5）　彼には間違った考えかたが持っている。
（6）　日本人は議論を苦手だが、これは、学校でその方法などを教えていない。
（7）　妹はジュースを飲みたいです。
（8）　部長が数100万円予算が与えられ、しかし何もしなかった。
（9）　参考書が使わなくとも、適切な英文が書く事をわかった。
（10）　この容器は、下から火も沸かす事が出来ます。
（11）　電荷製品が分類すると、価格や、メーカー、私用目的、などに分類できる。

(12) 最後の最終確認は絶対に必要なのだ。それは、人間というものはついミスをする。
(13) 日本の技術が欧米の模倣ではなく、独自のスタイルを打ち出したい。
(14) 和食がどのように世界に日本から情報を知ってもらう機会をつくるか問題だ。
(15) 彼女が滋賀県に行って、甲賀には実際に忍者の古文書が残っていたのである。
(16) どうして悪いとわかっているということでもやめないことが問題と認識される。
(17) 日頃は活発的な意見交感も、この日はなぜか沈黙を保っていた。
(18) DVD購入の話なんですが、今の所、2・3人で盛り上がってますが、昨日、中村さんに『DVDよりも先にプレーヤ買ったほうがいい』言われましたが、その通りだと思います。

## †3.2 具体的な情報の追加

次の文は、間違いではありませんが、情報に具体性がありません。架空の情報でも良いので、具体的に書き直してください。1文で終わらずに、発展させてもかまいません。

例）この間、友だちと映画を見に行った。
→ 先週の土曜日、花子と『猿の惑星』を見に行った。

(1) 私は音楽が好きです。
(2) 食事は魚だった。
(3) 昨日、地方で地震が起こった。
(4) 将来、外国に勉強しに行きたい。
(5) 昔読んだ、ある小説は非常に興味深かった。
(6) 私の地元では農業が盛んです。
(7) 前回はアウェイのチームが負けた。

（8）　あのメーカーの製品は値段が高い。
（9）　できる限り早く提出してください。
（10）　うちの子どもは成績が悪い。

## †3.3 別の言葉を使って書き直そう

　次の文の下線部分は、同じ言葉が使われているところです。同じ言葉を2回使わないように書き直してください。必要に応じて、文章が長くなったり、全体を書き換えたりしてもかまいません。

（1）　やっとチームに復帰できました。<u>嬉しいです</u>！　早く練習がしたかったので、本当に<u>嬉しいです</u>。
（2）　恩返しするために私ができることは、<u>がんばって</u>、メンバーに喜んでもらえる仕事をすることだと思うので、明日からも<u>がんばります</u>。
（3）　一面の雪景色が<u>きれい</u>でした。きらきら光る湖面も<u>きれい</u>で感動しました。
（4）　このたび、担当の先生から推薦して<u>いただき</u>、学生プレゼンテーション大会で発表させて<u>いただき</u>ます。

## †3.4 敬意表現の修正

　敬意を表すという点で、次の文には不適切な部分があります。敬意を込めた適切な表現に書き直してください。

（1）　昼食は召し上がられましたか。
（2）　お客さんがお見えになられました。
（3）　明日は研究室に参られますか。
（4）　さっき、先生が申されましたとおりです。
（5）　書類はご送付されましたでしょうか。

（6）　こちらが資料のほうになります。持っていってください。
（7）　これって、コピーとかしておきますか。
（8）　集合は3時でよろしかったでしょうか。
（9）　資料を配らせてもらいましたので、どうぞ拝見してください。
（10）　先生も呼んじゃおうか。
（11）　先輩、昨日はどうも。（先輩に食事をおごってもらった翌日）
（12）　レポート、後で出しても大丈夫ですか。
（13）　ちょっと、名前とか、聞いてなくて……。
（14）　え？　名前教えてもらっていいですか。
（15）　忙しいのに、わざわざ時間、取ってもらって、すいません。
（16）　エントリーシート見てもらえたらなぁって……ダメですか。
（17）　作業が終わったら、目上には、「ご苦労様です」というのが良い。
（18）　もしもし、すいません。この前の就職説明会で会った人事部の人、いますか？

## †3.5　この章の参考文献

本郷陽二監修『頭がいい人の敬語の使い方』日本文芸社、2006
水原道子編著『ビジネスとオフィスワーク』樹村房、2012
明治書院企画編集部編『日本語誤用分析』明治書院、1997

# 4．文章を要約しよう

（1）　要約問題 1

　　次の文章は 601 字で書かれています。100 〜 120 字程度に要約してください。

　人は緊張状態になると、呼吸や脈拍が早くなる、顔が赤くなる、足が震える、頭が真っ白になるといった症状が出る。喉が渇いたり、手が震えたりということも起きてくる。

　適度な緊張は、生活にも張りを与え、集中することで高い成果を得ることもできるが、過度の緊張状態は、逆に持っている力を出し切れないことにもなるので、バランスが大切である。過度な緊張感に苦しむことなく、適度な緊張感を持てるようにするためにも、アガリとうまく付き合おうとすることは有効である。

　アガっているときの対処法として、緊張したときのクセを封じる「自分なりのリラックスできる方法」を決めて、やってみることをおすすめしたい。本番前にやる「おまじない」のようなものである。

　その中の一つに、「アガっているのは自分だけではない」と思うことも、緊張を和らげる効果がある。また、アガっている自分に対して、逆に「もっと緊張するように言いきかせる」といった方法も有効である。これを聞くと不思議に思うかもしれないが、このことで、アガっている自分を客観的に見つめられるようになり、緊張が和らぐ。

ほかにも、口の周りの筋肉を柔らかくするように口の体操をする、水を飲む、「大丈夫。今日もうまくいく」と唱える、本番にはいつも同じアクセサリーを身につけるなどを実践している人がいる。

いずれも本当に効くか効かないかの問題ではなく、緊張に打ち勝つために、やるかやらないかの問題である。

（2） 要約問題2

次の文章は739字で書かれています。130〜150字程度に要約してください。

世間では、「マニュアル」という言葉が、イマイチ、良い意味で使われないことがある。「わかりにくい」と揶揄される取扱説明書だけのことではない。「マニュアル人間」とか「マニュアル通り」というと、自分の頭で考えず、融通が利かない仕事ぶりを非難して言う。しかし、本当にマニュアルはダメなものなのだろうか。仕事にしろ、日常生活にしろ、マニュアル通りにやっていれば、問題がなかったものが、マニュアルから逸脱したことによって問題が発生する例はいくらでもある。逆に言えば、「マニュアル人間」にすらなれない人間が、想像以上に多数派なのではないか。私自身、教師をしていたときに、学生には指示通りに行動することを求めた。授業中にすべきこと、してはいけないこと、自宅でやってくるべきこと、締切、等々。口で言うだけでは、こちらも心もとないし、学生も不安を感じるので、そういったタスクや禁止事項を、いわば、「マニュアル化」し印刷して渡していた。自分で言うのもおこがましいが、親切な教師だと思う。ところが、出来の悪い学生、はっきり言おう、「出来の悪い学生」は、そのマニュアル通りに行動しない。出来の良い学生がマニュアルを守らずに自分の頭で考えるのではない。繰り返すが、マニュアル通りに行動しないのは、出来の悪い学生なのである。授業中にすべきことをせず、してはいけないことをやり、自宅でやってくるべきことをやらず、締め切りを守らない。つまり、マ

ニュアル人間ですらない。そして、彼らを見て思った。まず必要なのは、「マニュアル通り」にできることではないのか。別の言い方をすれば、とりあえず「マニュアル人間」を作ることが教育の最低限の目的ではないのか。「自分の頭で考えて行動する」のは、それができた後のことなのである。

（３）　要約問題３

次の文章は1188字で書かれています。170〜200字程度に要約してください。

　英語を学び続けて云十年になる。これまでも、そしておそらくはこれからも自分にとって英語は「メシのタネ」だから、他人から見れば「英語ができる」人間なのかもしれない。にもかかわらず、未だに自信がない。英語を知れば知るほど自信がなくなる。だから博士課程での専門を日本語学にした、というのもあながち嘘ではない。しかしメシを食うためにはやはり英語の勉強も止めることはできない。

　で、ある程度英語ができるように思われると、「どうすれば英語ができるようになるんですか」と聞かれることがある。そういう質問をする人はおそらく勉強法とか、お薦めの本とか、安い英会話学校とかの答えを期待しているのだろうが、私の答えは決まっている。「英語を勉強する目的をはっきりさせることですね。」

　たまに、「いまどき英語ぐらいできないと……」などという言葉を耳にする。しかし「英語ぐらいできないと」果たしてどうなるんだろうか。企業がいかにグローバル化しようとも、メールが瞬時に海外に送れるようになろうとも、必ずしも日本のビジネスマン全員が英語ができる必要はない。事実、私が勤めていた某大手メーカーでも、国内向けのマニュアルを作成しているときには、英語の「え」の字も使わなかった。それなのに、社員全員にTOEICを受験させて何点以上取らなきゃダメ、なんてことをやっている。しかし、英語を使う目的もないのに勉強する

気なんて起きるのだろうか。

　私のこれまでの人生で、「よく英語を勉強した」と言える時期は2回ある。一つは米国留学中のことで、これは何から何まですべて英語なんだから勉強しないわけにはいかない。もう一つの時期はさらに遡って日本の大学で日本美術史を専攻していた時のことである。

　美術史、それも西洋ではなく、日本の美術史を専攻していたのになぜ英語を勉強したのか。答えは簡単、「食うため」である。日本美術史はちょっとやそっとの勉強では、その専門を活かしてメシを食うことはなかなか難しい。それに私は同級生に比べ年を食っていたので普通の会社に就職できるとも思っていなかった（事実、しなかった。某大手メーカーに職を得たのは、それよりだいぶ後のことである）。そうすると頼りは、当時、人よりほんの少しだけできた英語しかなかった。朝起きると、歯を磨きながら単語を覚え、車の助手席に単語帳を置いて同乗した人に問題を出してもらい、大学以外にも英語の学校に通い、アルバイトで英語を教え、ガールフレンドにも英語で手紙を書いた。大袈裟な言い方をすれば、英語ができるようにならないと自分は生きていけないという恐怖感さえあった。そして少しだけできるようになった。

　なぜ学ぶのか。食うため、そしてもっと稼ぐため。誰が言ったのか知らないが、米国にいた時、「Learn more to earn more.」という言葉を聞いて以来、痛く気に入って、座右の銘としている。

（4）　要約問題4
　　　次の文章は1675字で書かれています。220〜250字程度に要約してください。

　摂津半国の主であった松山新介の侍大将中村新兵衛は、五畿内中国に聞こえた大豪の士であった。
　そのころ、畿内を分領していた筒井、松永、荒木、和田、別所など大名小名の手の者で、『鎗中村』を知らぬ者は、おそらく一人もなかっ

ただろう。それほど、新兵衛はその扱き出す三間柄の大身の鎗の鋒先で、さきがけ殿の功名を重ねていた。そのうえ、彼の武者姿は戦場において、水ぎわ立ったはなやかさを示していた。火のような猩々緋の服折＊を着て、唐冠纓金の兜をかぶった彼の姿は、敵味方の間に、輝くばかりのあざやかさをもっていた。

「ああ猩々緋よ唐冠よ」と敵の雑兵は、新兵衛の鎗先を避けた。味方がくずれ立ったとき、激浪の中に立つ巌のように敵勢をささえている猩々緋の姿は、どれほど味方にとってたのもしいものであったかわからなかった。また嵐のように敵陣に殺到するとき、その先頭に輝いている唐冠の兜は、敵にとってどれほどの脅威であるかわからなかった。

こうして鎗中村の猩々緋と唐冠の兜は、戦場の華であり敵に対する脅威であり味方にとっては信頼の的であった。

「新兵衛どの、おり入ってお願いがある」と元服してからまだ間もないらしい美男の士は、新兵衛の前に手を突いた。

「なにごとじゃ、そなたとわれらの間に、さような辞儀はいらぬぞ。望みというを、はよういうて見い」と育ぐくむような慈顔をもって、新兵衛は相手を見た。

その若い士は、新兵衛の主君松山新介の側腹の子であった。そして、幼少のころから、新兵衛が守り役として、わが子のようにいつくしみ育ててきたのであった。

「ほかのことでもおりない。明日はわれらの初陣じゃほどに、なんぞはなばなしい手柄をしてみたい。ついてはお身さまの猩々緋と唐冠の兜を借してたもらぬか。あの服折と兜とを着て、敵の眼をおどろかしてみとうござる」

「ハハハハ念もないことじゃ」新兵衛は高らかに笑った。新兵衛は、相手の子供らしい無邪気な功名心をこころよく受け入れることができた。

「が、申しておく、あの服折や兜は、申さば中村新兵衛の形じゃわ。そなたが、あの品々を身に着けるうえは、われらほどの肝魂を持たいで

はかなわぬことぞ」と言いながら、新兵衛はまた高らかに笑った。

そのあくる日、摂津平野の一角で、松山勢は、大和の筒井順慶の兵と鎬をけずった。戦いが始まる前いつものように猩々緋の武者が唐冠の兜を朝日に輝かしながら、敵勢を尻目にかけて、大きく輪乗りをしたかと思うと、駒の頭を立てなおして、一気に敵陣に乗り入った。

吹き分けられるように、敵陣の一角が乱れたところを、猩々緋の武者は鎗をつけたかと思うと、早くも三、四人の端武者を、突き伏せて、またゆうゆうと味方の陣へ引き返した。

その日に限って、黒皮縅の冑を着て、南蛮鉄の兜をかぶっていた中村新兵衛は、会心の微笑を含みながら、猩々緋の武者のはなばなしい武者ぶりをながめていた。そして自分の形だけすらこれほどの力をもっているということに、かなり大きい誇りを感じていた。

彼は二番鎗は、自分が合わそうと思ったので、駒を乗り出すと、一文字に敵陣に殺到した。

猩々緋の武者の前には、戦わずして浮き足立った敵陣が、中村新兵衛の前には、ビクともしなかった。そのうえに彼らは猩々緋の『鎗中村』に突きみだされたうらみを、この黒皮縅の武者の上に復讐せんとして、たけり立っていた。

新兵衛は、いつもとは、勝手が違っていることに気がついた。いつもは虎に向かっている羊のような怖気が、敵にあった。彼らは狼狽え血迷うところを突き伏せるのに、なんの雑作もなかった。今日は、彼らは戦いをする時のように、勇み立っていた。どの雑兵もどの雑兵も十二分の力を新兵衛に対し発揮した。二、三人突き伏せることさえ容易ではなかった。敵の鎗の鋒先が、ともすれば身をかすった。新兵衛は必死の力を振るった。平素の二倍もの力さえ振るった。が、彼はともすれば突き負けそうになった。手軽に兜や猩々緋を借したことを、後悔するような感じが頭の中をかすめたときであった。敵の突き出した鎗が、縅の裏をかいて彼の脾腹を貫いていた。

菊池寛（1957）「形」『恩讐の彼方に』角川書店

（青空文庫より）

＊服折：　羽織のこと。

（5）　要約問題5
　　次の文章は2709字で書かれています。220〜250字程度に要約してください。

　「いちいち言わないとわからんのか？」部下に対してこういう叱り方をしたことのある方はけっこういらっしゃるのではないだろうか。また、同じように、上司からこう言われた経験を持つ方も多いかもしれない。さらに言えば、職場だけではなく、家庭でも同じような言葉が夫婦や親子の間で聞かれることもあるだろう。
　日本の伝統的社会は、一つの集団のウチとソトを厳格に区別する。そこでは、集団内部の人間は「皆同じ」と考えられて、「出る杭」は打たれ、「能ある鷹は爪を隠」さざるを得ない。コミュニケーションという観点からは、集団内部では同一の情報が共有されているという前提の下に、最低限の言葉しか使わない阿吽の呼吸が大切となる。その結果、話し手の言いたいことを状況や文脈から汲み取るのは聞き手の責任であり、冒頭のような言葉が出てくる。
　もちろん、こういったステレオタイプの日本文化論およびそれに基づいた日本式コミュニケーションは、物と情報があふれるグローバルな時代を迎えて近年急速に変化している。学歴も、専門分野も、出身地も、価値観も、異なる人々が頻繁にコミュニケーションを取っている現代の日本において、もはや阿吽の呼吸は通じない。誰しもそれが分かっているにも関わらず、「いちいち言わないとわからんのか？」となるのはなぜだろうか。
　その理由の一つとして、コミュニケーション技術の基礎であるAudience Analysis（聴衆分析／読者分析）が話し手に欠けている点が挙げられるかもしれない。頭では、もう少し言葉を足さなければと思って

いても、技術がないために何を言えば良いかわからない。十分な情報を集めず、勝手な推測から決断を下し、結果として、伝えるべきことを伝えず、言わずもがなのことを言ってしまう。「敵を知り、己を知れば、百戦危うからず」とは誰もが知っている孫子の言葉だが、これはコミュニケーションにも当てはまる。もちろんコミュニケーションの場合、情報・知識を伝える相手は「敵」ではないが、相手を知ることが重要であることに変わりはない。

ここまでは話し言葉での例を挙げてきたが、Audience Analysis が大切である点は書き言葉においても変わらない。というより、目の前にいる相手からフィードバックをもらうことができない点、書き言葉のコミュニケーションの方が、より Audience Analysis を重視しなければならない。以下、書き言葉に絞り、Audience Analysis という語を「読者分析」と訳して紹介していこう。読者分析は、文字どおり、書き手が読者を分析することであるが、では、読者の何を分析すれば良いか。文書の性質にもよるが、少なくとも、以下の項目は考える必要がある。

- 読者が文書を読む目的
- 読者が既に持っている情報と知識
- 情報・知識を受け取るときの環境
- 行動の権限

書き手は、まず、読者がその文書を読む目的を知らなければならない。その際に最初にすべきことは、「情報」と「知識」の区別である。読者の目的が「情報」を得ることなのか、「知識」を得ることなのかによって、作成すべき文書は異なるからである。

「情報」と「知識」の違いの一つは時間である。情報の鮮度は急速に衰えるが、知識は連綿として続く。たとえば、明日の会議が何時からどの部屋で行われるかという情報は、その会議が終わってしまえば何の意味もない。一方、300年前に確立されたニュートン力学の知識は、現

代でも建築や機械の工学的知識の基礎となり受け継がれている。情報と知識のもう一つの違いは体系である。明日の会議の時間と場所は、社内の他の情報と有機的な関連を持っておらず単独のものである。一方、ニュートン力学の中の知識はそれぞれが関連を持ち合って一つの体系を作り上げている。

　短時間的で単独的である「情報」を得ようとする読者は、通常、急いでいると言って良い。たいていは、何らかの行動を即座に起こすために情報を得ようとしているはずである。逆に、長時間的で体系的である「知識」を得ようとしている読者は、じっくりと文書に向う。急ぎはしないが、その知識を確実に深く得ようとする。具体的な文書で言えば、メールや取扱説明書などは情報を得るために読むし、書籍は知識を得るために読むことが多い。もちろん、必ずしも、明確な線引きができるわけでもなく、ホームページや雑誌記事など中間的な場合もあるが、いずれにしろ、わかりやすく伝えるためには、まず、読者の目的を把握しなければならない。

　目的が絞られたら、次に考えるべきは、読者が既に持っている情報と知識を想定することである。これから提供しようとする情報・知識が、読者が既に持っている情報・知識と隙間なく、かつ、無駄なく、結合できるようにしなければならない。たとえば、インターネット接続の説明書の1ページ目から、いきなり「IPアドレス」というような専門用語を出しても読者にとっては意味不明だろうし、社内向けの会議案内のメールに、駅から会社までの道順の説明をする必要はない。

　また、これから書く内容に直接関連する情報・知識だけでなく、読者の一般的な知識についても想像しなければならない。たとえば、小学生向けの電子辞書と英語のプロ向けの電子辞書は、同じ機能を持っていたとしても、その取扱説明書の表現は異なるはずである。

　3つ目に、情報・知識を受け取るときの環境を想像する必要がある。知識を得る目的の場合、おそらく、それなりに落ち着いて、知識を得ることに集中できる環境に読者はいる。一方、情報を得る目的の場合は、

時間的・空間的に制約のある状況も考えられる。たとえば、非常口の開け方の説明は一瞬で分からなければ焼け死んでしまうかもしれないし、コンピューターのエラーメッセージは適度な大きさの画面内に収まる必要がある。

　最後に、情報を得た読者が、その後の行動に対して持つ権限についても考えなければならない。「単語も文も理解できる、文章の内容もわかる。で、いったい私にどうしろと？」というようなメールを受け取った経験はないだろうか。知識を得る目的の読者の場合、こういう問題は出てこないが、情報が目的の場合、この点にも注意が必要となる。

　ここまでの読者分析を完了して初めて、書き手は文書の作成に取り掛かることになる。しかも、この先には、読者分析に沿った内容の取捨選択、選んだ内容の配列、その表現方法など、やるべきことがたくさんある。こう考えてくると、伝えることは本当に難しい。しかし、だからこそ、伝えようとする姿勢を崩さず、コミュニケーション技術を磨いていかなければならないのかもしれない。

# 5. メールを書いてみよう

　次のような状況になった場合、どのようなメールを書けば良いでしょうか。それぞれの場合について、具体的で自然な状況を考え、必要な情報は適当に補ってメールを書いてください。件名も考えてみましょう。

（1）　やむを得ない理由で次回の授業を欠席することを先生に伝える
（2）　欠席した授業で出された課題について問い合わせる
（3）　資格試験を受けた教室に忘れ物をしていないかを試験の主催者に問い合わせる
（4）　授業を受けていない先生に、研究室にある本を借りられるかどうか問い合わせる
（5）　海外へ英語の手紙またはメールを送りたいので、英文を見てもらうようお願いする
（6）　他学部への編入に際して、推薦書を書いてもらうようにお願いする
（7）　自分が就職したいと思っている企業で働いているサークルの先輩に、会って話を聞きたいとお願いする
（8）　学外の勉強会で知り合った人に飲みに誘われたが、お金がないので断る

# 6. いろいろな文書を作成してみよう

　具体的な情報を補いながら、次の文書を作ってください。必要に応じて、レイアウト、字体、イラスト、図表などを入れてください。

（1）　大学祭の催し物のためのポスター
（2）　クラス親睦ハイキングのための案内
（3）　サークルが自主開催するコンサートのチケット
（4）　学生ベンチャーコンテストに提出する企画書
（5）　アルバイトの業務マニュアル

# 7. 言葉とコミュニケーションについて考えよう

次の問題についてグループで話し合った後、口頭で報告してください。

（1） 人間はどのようにして言葉を持つに至ったのか、仮説を立ててください。
（2） 座っている椅子から立ち上がるときの動作をできるだけ細かく描写してください。
（3） 次の文を参考にして、助詞の「は」と「が」の違いを説明してください。
　　　昔々あるところに、お爺さんとお婆さんがおりました。お爺さんは山に柴狩りに、お婆さんは川に洗濯に行きました。
（4） 「あ、明日はレポートの締め切りだった」という文では「明日」が未来の話であるにも関わらず、文の最後が「た」で終わっています。一方、「ほかの選手たちは既にスタートしている」という文では「スタート」したのは過去であるにも関わらず、文の最後が「ている」で終わっています。その理由を考えてください。
（5） グループがある会社の役員会議だとして、社内公用語を英語にすべきかどうかを議論し、決定してください。

# 8. レポートを書こう

　第12章の説明を参考にして、論文と同じようなレポートを書いてください。まず、以下に挙げたテーマからトピックを絞り込んでリサーチ・クェスチョンを決めます。たとえば、(4)のテーマであれば「ドローンは宅配ビジネスに活用できることができるか」というようなリサーチ・クェスチョンが考えられます。次に、文献を調査します。論文ではないので、必ずしも実験や観察のデータは必要ありません。文献を調査したら、実際に書き始めてください。

（1）　宇宙開発
（2）　海洋汚染
（3）　人工知能
（4）　ドローン
（5）　SNS
（6）　高等教育無償化
（7）　オリンピック

# 9．エントリーシートの準備をしよう

次の質問に対する回答を、丁寧に記述してください。

（1）　あなたが在籍する大学、学部、学科名をそれぞれ正式名称で書いてください。
（2）　あなたが学生時代に力を入れたことを5つ挙げてください。
（3）　上記（2）の中で最もアピールしたいことを1つ選び、以下の質問に答えてください。
　　　① その中でどのような目標を立てたか
　　　② その目標を達成するために、どのような手段を取ったか
　　　③ 結果はどうなったか
（4）　上記（3）の事柄からあなたが学んだことを書いてください。
（5）　社会に出たときに、上記（4）で学んだことを、どのように活かせるか述べてください。

【著者】

森口　稔（もりぐち・みのる）

大学非常勤講師、翻訳者、辞書執筆者。大阪市出身。北海道大学卒業、米国南部工科大学修士課程テクニカルコミュニケーション専攻修了。大阪府立大学博士課程単位満期退学。雑誌社や大手メーカーでの勤務、高校・大学での教員などを経て現職。著書に、『テクニカルコミュニケーションへの招待』（三省堂、2013）、『日本語を書くトレーニング』（共著、ひつじ書房、2003）、『ジーニアス英和辞典第5版』（校閲、大修館書店、2014）、『三省堂国語辞典第七版』（執筆協力、三省堂、2014）、『英語で案内する日本の伝統・大衆文化辞典』（編著、三省堂、2018）など。

中山詢子（なかやま・じゅんこ）

大学非常勤講師、キャリアアドバイザー。兵庫県宝塚市出身。甲南女子大学文学部卒業。上場企業や中小企業での勤務で、総務・人事・営業などの部署を経験し、秘書職を経て現職。「大丈夫！一寸先は光！」をメッセージに、これから社会人になる学生やオフィスで働く若い人たちの支援に力を入れている。著書に、『プレゼンテーション演習』（共著、樹村房、2011）。

森口担当　全体監修
　　　　　基礎編：1〜6章、8〜9章、12章、7章の一部
　　　　　練習編および解答：1〜2章、5〜8章、3〜4章の一部
中山担当　基礎編：10〜11章、7章の一部
　　　　　練習編および解答：9章、3〜4章の一部

本書は、小社が2015年5月に刊行した『基礎からわかる日本語表現法』を大幅に加筆・修正したものです。

## 基礎からわかる書く技術

2019年 10月15日　第1刷発行
2023年 3月15日　第2刷発行

著　者　　森口　稔・中山詢子
発行人　　岡野秀夫
発　行　　株式会社　くろしお出版
　　　　　〒102-0084　東京都千代田区二番町4-3
　　　　　電話：03-6261-2867　FAX：03-6261-2879　WEB：www.9640.jp
装　丁　　Yuna Design　　印刷所　シナノ書籍印刷

©Minoru Moriguchi, Junko Nakayama 2019, Printed in Japan

ISBN978-4-87424-809-6 C0037

本書の全部または一部を無断で複製することは、著作権法上での例外を除き禁じられています。

授業の進め方と解答例

この冊子では、『基礎からわかる書く技術』を使っていただく先生方のために、授業の進めかたの例と「練習編」の解答例を紹介します。

## 0．本書を使った授業の一例

## † 基礎編と練習編の対応

基礎編と練習編の内容は、概ね、次の表のように対応しています。ただし、授業の進めかたとしては、後述するように、基礎編の説明と練習編の問題を同日に実施する必要はありません。

| 基礎編 | 練習編 |
| --- | --- |
| 1．なぜ、書くのか | 7．言葉とコミュニケーションについて考えよう（1） |
| 2．文章技術を身に付けるために | 1．本を読もう<br>7．言葉とコミュニケーションについて考えよう（2）（5） |
| 3．要約の重要性とその方法 | 4．文章を要約しよう |
| 4．文字と数字と記号 | 3．1 文の間違い探し |
| 5．単語と辞書 | 2．調べて覚えよう |
| 6．文法と句読点 | 3．1 文の間違い探し<br>7．言葉とコミュニケーションについて考えよう（3）（4） |
| 7．文体 | — |
| 8．文書の作成 | 6．いろいろな文書を作成してみよう |
| 9．わかりやすく書くために | — |
| 10．メールの書きかた | 5．メールを書いてみよう |
| 11．就活のための文章 | 3．5 敬意表現の修正<br>9．エントリーシートの準備をしよう |
| 12．論文とレポート | 8．レポートを書こう |

上記の表の中で、基礎編第7章と第9章には対応する練習編がありませんが、練習編の第5・6・8・9章で文章を書く際に、文体やわかりやすさについても意識することになります。「7．言葉とコミュニケーションについて考えよう（2）（5）」は、基礎編の第2章と対応させていますが、内容的に直接関連はしていません。第2章で述べている「思考訓練」の一環と考えてください。

## † 半年間の授業計画

　「基礎編」は15回の授業を意識し12章から成り立っています。基礎編を使って説明し、その後、練習編の問題を解くというような進めかたの場合、一例として、次ページのような授業計画が可能です。以下、簡単に説明します。

　1回目の授業では、ガイダンスの後、「書く」という行為について自由に考えを出させます。ある程度、意見が出たら、基礎編の第1章を見ながら解説を加えます。時間が余れば、練習編の7（1）を考えさせても良いでしょう。

　2回目〜13回目までは、予習として基礎編の1章分を読んでくることを前提とします。授業では、各章に応じた質問を出し、受講者には教科書を見ずに答えさせます。たとえば、第2章ならば「新書ってどんなもの？」「なぜコピペはダメなの？」、第4章ならば「漢数字を使うのはどんな場合？」、第6章ならば「文法って何？」などの問いが考えられます。基礎編の内容を確認した後は、残り時間・人数・学力レベルなどに応じて、練習編の問題を解いていきます。

　基礎編の第9章までで最も基本的な学習が終わりますので、この時点で、一度、確認テストを行うことをお勧めします。第10章以降の内容は、テストで確認するよりは、実際に文書を作成させて確認するのが良いでしょう。

　14回目と15回目の授業は、仕上げとして書かせるレポートに使います。テーマの例を練習編の第8章に挙げています。

この授業計画では、授業中にグループ学習として問題を解くことを前提にしています。そのため、練習編の問題すべてをやり終えることにはなっていません。特に、実際に文章を書く問題を、黒板やホワイトボードに解答させると、すぐに時間が過ぎてしまいます。数多くの問題をこなしたい場合は、自宅学習を取り入れてください。

## † 成績評価

　上記の計画では、少なくとも以下の3点を成績評価の対象とすることが可能です。

- 新書レポート：2回目の授業で、練習編の1章を使用
- 確認テスト：範囲は基礎編の1章から9章、10回目の授業で実施
- グループレポート：14回目と15回目の授業を使って、グループで執筆

　以下、練習編の各章について、解答または考えかたの例を紹介します。説明が不要と思われる箇所、または、国語辞典等を使ったほうが良いと思われるところでは、解答を省略します。

## 授業計画案

第1回： 基礎編「1.なぜ、書くのか」
　　　　練習編「7.言葉とコミュニケーションについて考えよう（1）」
第2回： 基礎編「2.文章技術を身に付けるために」
　　　　練習編「1.本を読もう」「2.1 難読漢字」
第3回： 基礎編「3.要約の重要性とその方法」
　　　　練習編「4.文章を要約しよう（1）」「2.2 四字熟語」
第4回： 基礎編「4.文字と数字と記号」
　　　　練習編「4.文章を要約しよう（2）」「2.3 対義漢字」
第5回： 基礎編「5.単語と辞書」
　　　　練習編「2.4 類義語の違い」「2.5 同音異義語」
　　　　　　　「2.6 単語の定義」
第6回： 基礎編「6.文法と句読点」
　　　　練習編「3.1 文の間違い探し」「3.2 具体的な情報の追加」
　　　　　　　「3.4 別の言葉を使って書き直そう」
第7回： 基礎編「7.文体」
　　　　練習編「4.文章を要約しよう（3）」
　　　　　　　「7.言葉とコミュニケーションについて考えよう（3）（4）」
第8回： 基礎編「8.文書の作成」
　　　　練習編「4.文章を要約しよう（4）」
第9回： 基礎編「9.わかりやすく書くために」
　　　　練習編「6.いろいろな文書を作成してみよう」
第10回： 基礎力確認テスト
第11回： 基礎編「10.メールの書きかた」
　　　　練習編「5.メールを書いてみよう」
第12回： 基礎編「11.就活のための文書」
　　　　練習編「9.エントリーシートの準備をしよう」
第13回： 基礎編「12.論文とレポート」
第14～15回：グループによるレポート執筆準備
　　　　練習編「8.レポートを書こう」

## 「11章 就活のための文書」の改善例

† 11.7「大学生活においてがんばったこと」の自己PR文例

　私が4年間の大学生活で力を入れたことは、自炊を通した自己管理です。美味しさや栄養バランスなどを考えて自分で料理することで健康を管理し、限られた生活費の中で食費をやりくりすることで金銭を管理する能力も身につけることができました。

　私は大学進学と同時に一人暮らしを始めました。実家では、食事の準備や片付けは、すべて母がしてくれていたため、その大変さを実感していませんでした。そのため、自炊を始めるときには若干の躊躇はありましたが、やるからには、徹底的にやってやろうと心に決めました。

　朝食は、どんなに忙しいときでも、毎日自分で作り、欠かさず食べていました。昼食は学食で食べることがほとんどでしたが、たまに弁当を作っていくこともありました。夕食は、アルバイトや実験で遅くならない限りは自炊しました。時間的に余裕のあるときには、スパイスを調合してカレーを作ったり、創作料理に挑戦してみたりもしました。

　また、買った食材の費用はすべてスマホのアプリに入力して、食費の管理にも努めました。これによって一種の経営感覚が養われたと自負しています。

　社会に出て新たな環境で生活を始めたとき、自炊にどれだけこだわることができるのかはわかりません。ただ、この自炊で得た自己管理能力は、仕事においても必ず役立てるものと思っています。

† 11.8「長所」の自己PR文例

　私の長所は、リーダーシップと企画力です。大学に入ってから、ずっとドラッグストアでのアルバイトを続けており、2年前にグループリーダーに抜擢されました。それをきっかけとして、リーダーシップと企画力を身

に付けることができました。

　グループリーダーになる前は、ほかの人に仕事を振るより、自分でした方が早いと思っていました。しかし、リーダーになってみると、それでは仕事が回らないことに気付きました。一人で仕事を抱えるよりも、他者に仕事を任せられることこそがリーダーシップなのではないか、と考え方を変えたのです。そこで、私が新人だったときに店長はどのようにして私に仕事を振っていたのかを思い出しながら、自分のスタイルを作っていきました。

　また、各グループは、それぞれ、週末の特売イベントの企画案を出さなければなりませんが、我々のグループの提案はいつも好評を得ています。グループメンバーがさまざまな意見を出してくれるのに加え、私自身がいろいろと企画を考えるのが好きなので、面白い案が出せるのだと思います。

　このように、私は、アルバイトを通してリーダーシップと企画力を身に付けることができました。貴社の独自の業務遂行方法である、チームプロジェクト制でも、この経験を活かせると自負しています。

### †11.9「志望理由」の自己PR文例

　私と母は貴社が運営するスィーツカフェ「フェリーニ」の大ファンで、学生時代、京都河原町店には頻繁に通いました。三宮店や梅田店に足を伸ばしたこともあります。特に「フルーツいっぱいタルト」は母娘ともに気に入って、季節ごとに全種類制覇しました。自分が就職を考えるようになったときに、迷わず、貴社の接客・サービスの部門で働きたいと思い、志望いたしました。

　貴社を希望する理由は、味の良さだけではなく、接客の素晴らしさです。どの店舗を訪れてもスイーツの美味しさに加えて、店員の方々の笑顔が私を癒やしてくれました。私も笑顔には自信がありますので、それを武器にして、お客さまに喜んでいただければと思います。

　また、接客を通して得たアイデアを開発部門にお伝えすることで、間接的に商品開発のお役にも立ちたいと考えています。たとえば、「フルーツいっぱいタルト」のサイズについて、私はもう一回り大きいほうがいい

と思っていましたが、母はもう少し小さくて良いと申しておりました。また、糖分が気になるかたや、グルテンアレルギーのかたもいらっしゃるようです。こういったお客様の生の声を商品開発部門にお伝えしていければと思っております。

---

## 1．本を読もう

解答省略。

---

## 2．調べて覚えよう

### †2.1 難読漢字

・一般

　（1）しろうと　　（2）そうさい　　（3）あんぎゃ　　（4）ろくしょう
　（5）はんれい　　（6）だそく　　　（7）ふせつ　　　（8）ぜいじゃく
　（9）しんちょく　（10）こうてつ　　（11）じょうじゅ　（12）ほご
　（13）わいろ　　 （14）りっきゃく　（15）つうぎょう　（16）ふくせん
　（17）ふっしょく （18）しもん　　　（19）るふ　　　　（20）てんか
　（21）へいそく　 （22）ぶあい　　　（23）かかし　　　（24）やくびょうがみ

・性格・感情

　（1）けねん　　（2）さすが　　（3）りちぎ　　（4）うかつ
　（5）きゆう　　（6）げきりん　（7）ずさん　　（8）あつれき
　（9）しんし　　（10）にゅうわ （11）がくぜん （12）むく
　（13）ひいき　 （14）しっと　 （15）おうよう （16）うっぷん
　（17）そうかい （18）かっとう （19）かいさい （20）ろうばい

・身体・姿勢

　(1) かかと、きびす　(2) へそ　　　　(3) あぐら　　　(4) あくび
　(5) みけん　　　　　(6) しっぺい　　(7) みぞおち　　(8) まぶた

・建築

　(1) ひさし　　　　　(2) おもや　　　(3) いりもや　　(4) あぜくら
　(5) はふ　　　　　　(6) ふしん　　　(7) かやぶき　　(8) たるき

・生活用品・遊具

　(1) わら　　　　　　(2) はかま　　　(3) たこ　　　　(4) ふすま
　(5) えり　　　　　　(6) たもと　　　(7) みす　　　　(8) のれん
　(9) しょうじ　　　　(10) たんす　　　(11) うちわ　　　(12) しゃもじ

・食べ物

　(1) かばやき　　　　(2) そうめん　　(3) すし　　　　(4) かまぼこ
　(5) うどん　　　　　(6) ようかん　　(7) ところてん　(8) わらびもち
　(9) かんぴょう　　　(10) こんにゃく　(11) なます　　　(12) あおさ

・海産物

　(1) いわし　　　　　(2) ぶり　　　　(3) かつお　　　(4) あじ
　(5) うなぎ　　　　　(6) たら　　　　(7) さわら　　　(8) ひらめ
　(9) たこ　　　　　　(10) はまぐり　　(11) しじみ　　　(12) えび
　(13) ふぐ　　　　　　(14) うに　　　　(15) くらげ　　　(16) さざえ
　(17) いか　　　　　　(18) なまこ　　　(19) わかめ　　　(20) さんま

・動物

　(1) くじゃく　　　　(2) うぐいす　　(3) むかで　　　(4) ふくろう
　(5) りす　　　　　　(6) あざらし　　(7) いるか　　　(8) かまきり、とうろう
　(9) ほととぎす　　　(10) とかげ　　　(11) きつつき　　(12) きりん

・植物

　(1) しょうぶ、あやめ　(2) ふき　　　　(3) きゅうり　　(4) ひまわり
　(5) いちじく　　　　(6) にんにく　　(7) かきつばた　(8) あじさい
　(9) ごぼう　　　　　(10) わさび　　　(11) さぼてん　　(12) たんぽぽ

・自然現象

（1）かすみ　（2）あられ　（3）ひょう　（4）もや
（5）なぎ　（6）なだれ　（7）たそがれ　（8）しぐれ
（9）しけ　（10）こち　（11）しののめ　（12）いざよい

・神道・仏教

（1）くよう　（2）かぐら　（3）じゅず　（4）あうん
（5）ぼさつ　（6）しゃり　（7）あしゅら　（8）ねはん
（9）りんね　（10）みこし　（11）ほうじょうえ　（12）しめなわ

・地名

（1）とうやこ　（2）むなかた　（3）たてしな　（4）しんじこ
（5）あびこ　（6）とこなめ　（7）いぶすき　（8）いさはや
（9）ひたち　（10）とおとうみ　（11）おしゃまんべ　（12）ひらかた
（13）のさっぷみさき　（14）かさい　（15）くだら　（16）きさかた
（17）はちのへ　（18）おかちまち　（19）うずまさ　（20）おおぼけ・こぼけ

・動詞・形容詞

（1）はげむ　（2）あさる　（3）さいなむ　（4）もてあそぶ
（5）あきれる　（6）しびれる　（7）たわむれる　（8）すたれる
（9）とうとい　（10）にぶい　（11）つたない　（12）はかない
（13）まぶしい　（14）おびただしい　（15）おかしい　（16）りりしい

† 2.2　四字熟語

解答省略。辞書を参照してください。

† 2.3. 対義漢字

（1）　文：　理（文系・理系）、武（文官・武官、文武両道）、口（口語・文語）
（2）　偶：　必（偶然・必然）、奇（奇数・偶数）
（3）　動：　静（動静、動脈・静脈）、植（動物・植物）
（4）　正：　誤（正誤表）、副（正副委員長）、従（正四位・従四位）、狂（正気・狂気）、異（正常・異常）、側（正室・側室）、悪（改

正・改悪）、俗（正字・俗字）、不（正当・不当）、背（正面・背面）
(5) 和： 洋（和食・洋食）、差（二数の和・二数の差）、戦（和戦両様の備え）
(6) 本： 支（本店・支店）、略（本式・略式）、偽（本物・偽物）、末（本末転倒）、分（本家・分家）、別（本館・別館）、他（本人・他人）
(7) 山： 海（海千山千、山海の珍味）、谷（山折り・谷折り、山側・谷側）
(8) 長： 短（長所・短所）、末（長子相続・末子相続）、少（年長・年少）、幼（長幼の序）、員（社長・社員）、半（長袖・半袖）
(9) 母： 父（父母、父系・母系）、子（母音・子音）、外（母国語・外国語）
(10) 音： 訓（訓読み・音読み）、黙（音読・黙読）、意（表音文字・表意文字）
(11) 実： 名（名実ともに）、虚（実数・虚数）、花（花も実もある）
(12) 水： 油（水と油、水彩・油彩）、陸（水陸両用）、火（たとえ火の中水の中）、空（水冷式・空冷式）、焼（焼餃子・水餃子）、地（水質・地質）

## †2.4 類義語の違い

(1) 「弾く」は、弦楽器と鍵盤楽器のみを対象とする。「演奏する」は、聴衆を意識する場合に用い、一人で練習しているときなどには使わない。
(2) 「わがままな」は、主に人物に焦点を当て、「勝手な」は、主に行動や思考に焦点を当てる。
(3) 「偽造」は、人を欺くことを目的とし、本物に似せて作る。対象は、主に、文書やお金。「模造」は、本物に似せて作るが、本物でないことを始めから明示する。対象は、主に、武器・宝石・ブラン

ド品。
（4） 「浪士」は、政治的な志を持つ「浪人」のこと。「浪人」は「浪人する」という動詞にも使える。
（5） 「教員」は、教育を職業とする人を指し、「教授」を含む。「教授」は、大学または高専教員の職務上の階級の最高位で、敬称としても使用する。
（6） 「あたたかい」は、固体・液体・気体のいずれにも使うことができ、心地よさを含意する。「ぬるい」は、液体が適温でない場合に使う。
（7） 「救出」は、災害以外でも使い、物理的な移動に焦点を当てる。「救助」は、災害の際の活動が中心で、人命を救うことに焦点を当てる。
（8） 「知らない」は、その質問自体への関心が低い。「わからない」は、質問に解答したいが、その解答や解答方法が見つからない場合に使う。

---

＊参考

類義語の違いを調べる際、一つの有効な方法は、どのような言葉と一緒に使われているかを調べることです。参考までに、約1億語からなる「現代日本語書き言葉均衡コーパス」で「勝手な」と「わがままな」を検索した結果を下記に示しておきます。

勝手な： 1009件
　　行動（37）、解釈（33）、人（29）、想像（24）、事（21）
わがままな： 143件
　　子（8）、人（7）、態度（5）、女（5）

---

† 2.5 同音異義語

解答省略。国語辞典等を参考にしてください。

†2.6 単語の定義

解答省略。国語辞典等を参考にしてください。

# 3．文を書き直そう

## †3.1 文の間違い探し

（1）家に帰ると、雨が降り始めました。／家に帰ると、雨が降ってきました。
（2）入ってもいいですか。
（3）この水は飲めるが、あのパンは食べられない。
（4）今、ご飯のスイッチ入れたばっかりだから、もうちょっと待って。
（5）彼には間違った考えかたが染みついている。／彼は間違った考えかたをしている。
（6）日本人が議論を苦手とするのは、学校でその方法を教えていないからだ。
（7）妹はジュースを飲みたいと思っています。／妹はジュースを飲みたいようです。／妹はジュースを飲みたがっています。
（8）部長には数百万円の予算が与えられたが、彼は何もしなかった。
（9）参考書を使わなくとも、適切な英文が書けることがわかった。
（10）この容器は、直接、火にかけて使うこともできます。
（11）電化製品は、価格やメーカーや使用目的などによって分類できる。
（12）人間はついミスをすることがある。だから、最終確認は絶対に必要だ。
（13）日本の技術は、欧米の模倣ではなく、独自のスタイルを打ち出してもらいたい。
（14）和食を世界に知ってもらう。その機会をどのようにつくるかが問題だ。
（15）彼女は滋賀県の甲賀に行き、実際に忍者の古文書が残っていることを知った。

(16) 悪いとわかっていることでもやめないのはなぜか。それが問題である。
(17) 日頃は活発な意見交換をするのに、この日はなぜかみんな沈黙を保っていた。
(18) DVD購入については、今のところ、二三人で盛り上がっています。昨日、中村さんに「DVDよりも先にプレーヤーを買ったほうがいい」と言われました。たしかに、その通りだと思います。

## †3.2 具体的な情報の追加

この問題に対する解答は、情報をつけ加えることによってどこまでも具体性を出すことができます。下記は無数にある解答の一つと考えてください。

（1） 私はクラシック音楽を聴くのが好きです。／私は高校生のときからロックバンドでベースを弾いています。
（2） 昼食は、駅前の食堂でアジフライ定食を食べた。
（3） 2011年3月11日、東北地方で巨大地震が起こった。
（4） 大学を卒業した後は、米国で経営学の大学院に行きたい。
（5） 3年前に読んだ太宰治の小説には、非常に感銘を受けた。
（6） 私の地元の淡路島は玉葱の栽培が盛んです。
（7） 6月5日の試合では、アウェイの名古屋グランパスが1－3で負けた。
（8） 徳山電機の冷蔵庫は、同じぐらいのレベルのパノラマ製作所の冷蔵庫に比べて、3000円ほど高い。
（9） 7月20日までに、メールに添付して提出してください（morigu@tanabe-sic.ac.jp）。
（10） うちの次女は中間テストの合計点が平均以下だった。

## †3.3 別の言葉を使って書き直そう

（1） やっとチームに復帰できました。感激です！　早く練習がしたかったので、本当に嬉しく思います。
（2） 恩返しするために私ができることは、メンバーに喜んでもらえる仕事をすることだと思うので、明日からも精一杯取り組みます。

（3） 一面の雪景色ときらきら光る湖面が美しく、感動しました。
（4） このたび、担当の先生から推薦を受け、学生プレゼンテーション大会で発表させていただきます。

## †3.4 敬意表現の修正
（1） 昼食は召し上がりましたか。
（2） お客様がお見えになりました。
（3） 明日は研究室にいらっしゃいますか。
（4） 先ほど、先生がおっしゃったとおりです。
（5） 書類はご送付になりましたでしょうか。
（6） こちらが資料です。お持ちください。
（7） この書類、コピーをお取りしておきましょうか。
（8） 集合は3時でよろしいでしょうか。
（9） 資料を配らせていただきましたので、どうぞご覧ください。
（10） 先生もお呼びしようか。
（11） 先輩、昨日はご馳走様でした。
（12） レポートの提出は後ほどでもよろしいでしょうか。
（13） 申し訳ありません。お名前は伺っておりません。
（14） 失礼ですが、お名前をお聞かせいただけるでしょうか。
（15） ご多用のところ、わざわざお時間をいただき、ありがとうございます。
（16） エントリーシートのチェックをお願いできないでしょうか。
（17） 作業が終わったら、目上の人には「お疲れ様でした」というのが良い。
（18） お世話になります。先日の就職説明会に参加した、平成科学技術大学の竹内と申します。人事部の○○様は、いらっしゃいますでしょうか。

## 4．文章を要約しよう

（1） 人は、過度に緊張すると体にさまざまな症状が出るが、適度な緊張によって高い成果を得ることもできる。アガリとうまく付き合うためには、効果の有無はさておき、自分なりのリラックス方法をやってみることをすすめたい。　　　　　　　　　　　　　　［102］

出典：
中山順子（2011）「プレゼンテーションとは」『プレゼンテーション演習』樹村房、p.30

（2） 一般的に「マニュアル」という言葉はマイナスのイメージが強いが、マニュアル通りに行動していれば起きなかった問題も多い。それを考えれば、教育の最低限の目的はマニュアル通りに従って行動できる人間の育成である。「自分の頭で考えて行動する」のは、それができた後のことである。　　　　　　　　　　　　　［132］

出典：
森口稔（2013）「マニュアルは悪者か？」『テクニカルコミュニケーションへの招待』三省堂、p.193

（3） 英語を学び続け、現在はそれを「メシのタネ」にしている。ある程度英語ができるようになると、「どうすれば英語ができるようになるんですか」と聞かれることもあるが、常に「英語を勉強する目的をはっきりさせること」であると答えている。自分自身、最もよく英語を勉強したのは、英語によってお金を稼ぐことを意識したときであり、「Learn more to earn more.」という言葉を座右の銘としている。　　　　　　　　　　　　　　　　　　　　　　　　［192］

出典：
森口稔（2002）「徒然コトノハ連載第 8 回～よく学び、よく稼げ」『TC協会ニュース』第52号

（4） 摂津半国の領主、松山新介の家来、中村新兵衛の強さは、有名だった。戦場で新兵衛がまとう猩々緋のはおりと唐冠の兜は、敵にとっては脅威であり味方にとっては信頼の的であった。あるとき、主君の側室の子が、初陣に出るために、その羽織と兜を借りたいと願い、新兵衛はそれを貸した。翌日の戦場で、新兵衛の羽織と兜をまとった武者の活躍を新兵衛は、誇りを感じながら眺めていた。一方、いつもと異なる装束の新兵衛に敵は怖気を見せずに立ち向かい、新兵衛は敵の槍を脾腹に受けることになってしまった。［234］
出典：
菊池寛（1957）「形」『恩讐の彼方に』角川書店（青空文庫より）

（5） 日本の伝統的社会では、話し手の言いたいことを状況や文脈から汲み取るのは聞き手の責任だった。しかし、現代の日本ではAudience Analysisを基礎としたコミュニケーションが重要となり、それは書き言葉においても変わらない。文書を作成する際には、読者が文書を読む目的、読者が既に持っている情報と知識、情報・知識を受け取るときの環境、行動の権限を分析した上で、その分析に沿った内容の取捨選択、選んだ内容の配列、表現方法などを考えていかなければならない。 ［225］
出典：
森口稔（2009）「伝えることの難しさ ～ Audience Analysis について～」『KIIS Quarterly』vol. 5-3

## 5．メールを書いてみよう／6．いろいろな文書を作成してみよう

　基礎編の第8章から第11章を参考に、自分がそのメールや文書を読む立場になってチェックしてください。場所・日時・費用・連絡先・固有名詞など、必要となる具体的な情報も確認が必要です。人数が多い場合は、ピアレビューをさせるのも良いでしょう。

## 7．言葉とコミュニケーションについて考えよう

　以下の点に気をつけて思考訓練をさせてください。問題では口頭報告となっていますが、レポートにすることも可能です。

- ブレーンストーミングによって、できるだけ多くの可能性を出す。
- 具体的に考え、表現する。
- 根拠を示す。
- 出てきた意見を整理する。
- グループの人数が5人以上であれば、進行役や書記などの役割を決める。

## 8．レポートを書こう

　基礎編第12章を参考にし、テーマからトピックを絞り込むところから指導します。1年生のうちはトピックを絞り込むことに慣れていないため、最初はかなり大雑把なトピックになりがちです。こちらから具体的な

案を出すのではなく、受講生に質問することによって、自分で絞り込みをさせる点が大切です。

## 9．エントリーシートの準備をしよう

　問題文では「丁寧に記述してください」としています。文章の内容と、文書としての体裁の両面において丁寧であることを心がけるように、説明してください。

（1）　通称や略称では通用しないことを理解させてください。
（2）　1つではなく5つとすることで、ある程度、具体性が出るはずです。その具体性は次の設問でより具体的なエピソードを書くための準備となります。
（3）　目標→手段・経緯→結果という流れは、仕事においても大切です。これが整理されていれば、仕事ができると思わせる手段となります。結果が必ずしも成功でなくても良いという点も指導してください。
（4）　上記の一連の流れから得た教訓のようなものになるはずです。ただし、あまりにもありきたりな文言は避け、自分の言葉で書かせてください。
（5）　上記の教訓に基づいた決意表明のようなものです。可能な限り、希望先の企業の業務内容に合わせて書かせてください。

上記のいずれの場合も、読み手である企業の人間がどのように思うかを想像させてください。